KB269536

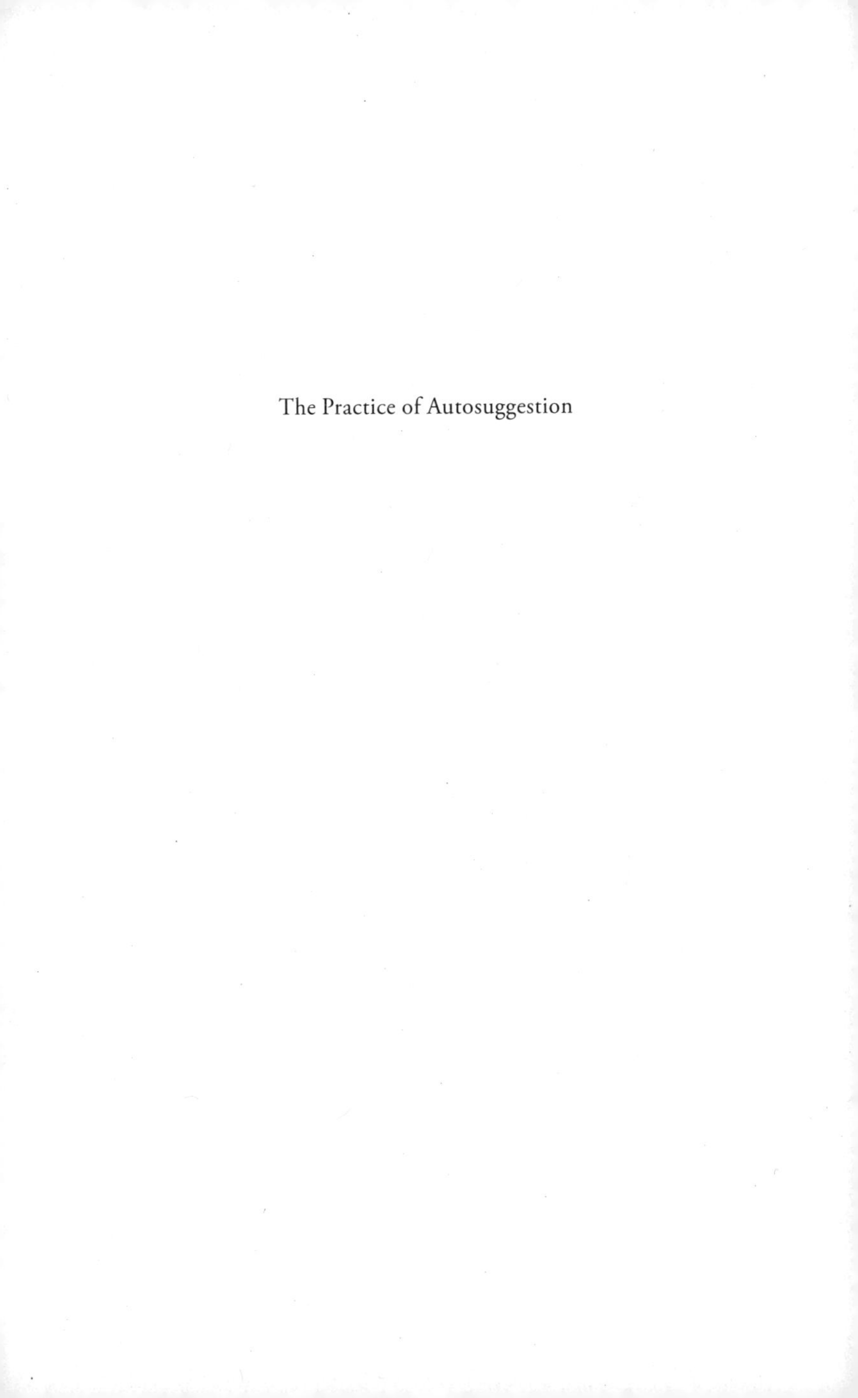
The Practice of Autosuggestion

자기암시

실천편

시러스 해리 브룩스 지음 | 권혁 옮김

Day by day,
in Everyway,
I am getting better
and better.

나는 날마다,
모든 면에서,
점점 더 좋아지고 있다.

사람의 일을

사람의 내면에 있는 정신 외에 누가 알 수 있을까?

(고린도전서 2장 11절)

자신의 결점과 다투고 있는

모든 이들에게 이 작은 책을 바친다.

이 책에 수록된 내용들은 1921년 여름, 저자인 브룩스 씨가 나를 방문했을 때 수집한 것이다. 그는 나의 의식적 자기암시법을 배우겠다는 뚜렷한 목적을 갖고 낭시를 찾은 최초의 영국인이었다. 몇 주에 걸쳐 매일 방문하면서 그는 나의 진료를 참관하고 나와 개인적으로 대화하며 자기암시 실천법을 완전히 익혔고, 그 기초가 되는 이론에 대해서도 함께 심도 있게 논의했다.

이 책에는 이런 연구의 결과들이 담겨 있다. 브룩스 씨는 능숙하게 핵심을 포착해, 매우 단순하고 명료한 방식으로 제시했다. 이 책에 담긴 지침만으로도 누구나 다른 사람의 도움 없이 스스로 자기암시를 실천할 수 있을 것이다.

이 방법은 병든 사람은 치유를 위해, 건강한 사람은 앞으로의 질병을 예방하기 위해 누구나 실천해야 한다. 이를 꾸준히 실천하면 평생 마음과 몸 모두에서 훌륭한 건강 상태를 유지할 수 있다.

에밀 쿠에 É. COUÉ.

낭시 NANCY.

　에밀 쿠에가 이룬 발견은 개인의 행복과 삶의 효율성을 위해 중요한 의미를 지닌다. 그렇기에 그것을 아는 사람이라면 누구든 다른 이들에게 전할 의무가 있다. 많은 남성과 여성의 삶은 성격과 기질의 뒤틀림이나 결함으로 인해 본래의 가치를 잃고 있다. 이러한 문제들은 의지의 힘으로는 좀처럼 교정되지 않지만, 자기암시를 통해 빠르게 바로잡을 수 있다.

　그러나 지금까지 이 방법에 대한 지식은 다소 전문적이고 상세한 샤를 보두앵 교수의 저작과 쿠에가 비공개로 인쇄한 소책자에만 담겨 있어 일반 대중이 접하기는 어려웠다. 이 공백을 메우기 위해 이 책을 집필했다. 이 책은 비전문가도 자기암시를 스스로 실천할 수 있도록 필요한 정보를 알기 쉽게 담아내는 것을 목표로 한다.

　자기암시의 이론적 기초를 더 깊이 이해하고자 하는 모든 독자들에게는 샤를 보두앵 교수의 매혹적인 저작 〈암시와 자기암시〉를 읽어볼 것을 권한다. 비록 이 책의 몇몇 부분은 보두앵 교수의 견해와 다소 차이를 보이기도 하지만, 그의 책은 이 주제에 대한 권위 있는 진술로서 의심의 여지가 없으며, 사실상 그것 없이 자기암시의 범위를 충분히 이해하는 것은 거의 불가능하다.

이 작은 책자를 집필함에 있어 나 역시 그의 저작에 크게 신세를 지고 있다. 또한 쿠에 자신의 소책자 〈자기통제〉는 현재 런던 그로스베너 가든 20번지, 자기암시 실천 연구소에서 구할 수 있다.

끝으로, 나에게 아낌없는 도움을 베풀어준 쿠에 박사에게 깊이 감사드린다. 그가 인내심의 화신이라는 것은 그와 접촉해 본 사람이라면 누구나 아는 사실일 것이다. 또한 말번링크의 어니스트 찰스 목사에게도 감사드린다. 그는 이 책에 담긴 일부 견해에 대해 책임을 지지 않는다고 밝혔지만, 매우 귀중한 제안들을 많이 해주었다.

C. H. B.

말번 링크, 1922년 2월 21일.

이 작은 책자에 따뜻한 관심을 보여준 미국의 독자들에게 특별히 감사의 말을 전하는 것은 당연한 일이다. 그들이 내게 준 것만큼이나 그들에게도 이 책이 용기와 도움을 주게 되기를 희망한다.

정신 치유법이 무수히 발달한 미국에서는, 어쩌면 유럽보다도 더 강하게 쿠에의 가르침이 지닌 고유한 특징을 강조할 필요가 있다.

이 가르침은 초월적이거나 신비적인 전제에 기초한 것이 아니라, 심리학의 단순하고 공인된 사실들에 바탕을 두고 있다. 그렇다고 해서 그것이 종교와 아무런 관계가 없다는 뜻은 아니다. 오히려 그것은 종교와 매우 밀접한 관련이 있다. 사실 나는 앞으로 나올 다른 책에서 이 방법이 기독교 교회들에 지니는 깊은 의미를 밝히고자 한다.

그러나 쿠에의 가르침에서 이러한 관계는 명시적으로 표

현되지 않았다. 그가 드러낸 능력들은 인간 정신에 본래적으로 주어진 자연적 자산의 일부이다. 그러므로 그것은 특정 종파나 신조에 속하든 속하지 않든 모든 사람들이 활용할 수 있는 것이다.

쿠에의 치유 방법은 결코 일반적인 의학적 치료와 대립되는 것이 아니다. 그것은 이를 대체하려는 것이 아니라 보완하려는 것이다. 질병과 불행에 맞선 공동의 성전에 귀중한 지원군을 데려오는 새로운 동반자인 것이다.

성급한 몇몇 비평가들이 추측하듯, 유도 자기암시는 의지를 공격하는 것이 아니다. 그것은 단지 암시를 실제로 형성하는 동안, 즉 하루 몇 분간은 의지를 잠잠하게 두어야 한다고 가르칠 뿐이다. 그 외의 시간에는 오히려 의지의 활용이 장려된다. 사실 우리는 에너지를 소모하거나 마찰을 일으키지 않고, 즉 올바른 방식으로 의지를 사용하는 법을 배우게 된다.

C. H. B.

말번 링크, 1922년 10월 19일.

차례

❧

Day by day,
in Everyway,
I am getting better
and better.

점점 나는 날마다,
모든 면에서,
점점 더 좋아지고 있다.

❧

Day by day,
in Everyway,
I am getting better
and better.

나는 날마다,
모든 면에서,
점점 더 좋아지고 있다.

❧

Day by day,
in Everyway,
I am getting better
and better.

나는 날마다,
모든 면에서,
점점 더 좋아지고 있다

낭시에 있는 에밀 쿠에의 진료소
COUÉ'S NANCY PRACTICE

I

낭시에 있는 에밀 쿠에의 진료소
COUÉ'S NANCY PRACTICE

제1장

에밀 쿠에의 진료소

제1장

에밀 쿠에의 진료소

자기암시를 유도하여 질병 치료에 적용하는 에밀 쿠에의 진료소는 낭시 잔다르크 가의 평온한 변두리에 있었다. 집에 딸린 아늑한 정원에 위치한 그의 진료소는 1921년 초여름에 내가 처음으로 방문하여 그의 진료 과정을 직접 확인하는 기쁨을 누렸던 곳이다.

우리 일행은 9시가 되기 직전에 그의 집 정원으로 들어섰다. 한쪽 구석에는 2층짜리 벽돌집이 있었고, 공기와 햇빛이 잘 통하도록 창문들은 활짝 열려 있었다. 그곳이 쿠에의 임상 진료소였다. 거기에서 약간 떨어진 곳에는 대기실로 사용되는 자그마한 일층짜리 건물이 있었다. 열매가 달린 자두나무와 벚나무 아래로 몇몇 환자들이 의자에 앉아 정겨운 대화를 나누고 있었고, 아침 햇살을 즐기며 꽃밭과 딸기밭 사이를 거닐고 있는 사람들도 있었다.

치료를 위해 예약된 방은 이미 상당히 붐비고 있었지만, 새로운 방문객들이 끊임없이 밀려들었다. 먼저 온 환자들은 벽을 따라 놓여 있는 좌석을 차지했으며, 다음으로는 야외용 접이의자에 앉으면서 남아 있는 공간을 다 채웠다. 쿠에는 어렵

사리 내게 자리를 만들어주었고 진료는 곧 시작되었다.

첫 번째 환자는 딸과 함께 진료를 받기 위해 파리에서 온 중년 남성이었다. 쇠약한 그는 심각한 신경병을 앓고 있었다. 잘 걷지 못했으며, 머리와 팔 그리고 다리가 지속적으로 떨리는 증상으로 괴로워했다. 거리를 걷고 있을 때 낯선 사람과 마주치면 자신의 질환을 알아차리게 될 것이라는 생각 때문에 몸이 굳어버려, 쓰러지는 것을 막아줄 무언가를 찾아야만 한다고 했다.

쿠에의 권유에 따라 자리에서 일어난 그는 방을 가로질러 몇 걸음을 떼어놓았다. 지팡이에 의지한 그는 무릎을 반쯤은 꺾은 채 두 발을 묵직하게 끌며 천천히 걸었다. 쿠에는 앞으로 잘 회복될 것이라며 그의 용기를 북돋았다.

"그동안 무의식 속에 나쁜 씨앗을 뿌려온 겁니다. 이제 좋은 씨앗을 뿌리게 될 겁니다. 지금까지 나쁜 결과를 만들어냈던 힘이 앞으로는 그와 똑같은 좋은 결과를 만들어내게 될 겁니다."

다음 환자는 쉽게 흥분하는 기질이 있는 여성 직공이었다.

쿠에가 지금 어떤 고통을 겪고 있는지 물어보자, 그녀는 수다스러울 정도로 시시콜콜하게 자신이 겪고 있는 증상들을 설명하면서 끊임없이 불평을 쏟아냈다.

쿠에는 그녀의 말을 끊으며 이렇게 말했다.
"부인께서는 지금 자신의 고통에 대해 너무 많이 생각하고 계시는군요. 그렇게 끊임없이 자신의 고통을 생각하면서 새로운 고통을 만들어내고 있는 겁니다."

다음 환자는 두통을 호소하는 소녀와 두 눈이 퉁퉁 부어오른 청년 그리고 정맥류로 인해 일을 못하게 된 농장 노동자였다. 각각의 경우에 쿠에는 자기암시가 완벽한 치료 효과를 가져올 것이라고 설명했다. 그 다음 차례는 자신감이 부족하고 자주 두려움에 휩싸이게 되는 신경과민을 호소하는 사업가였다.

쿠에는 "방법을 알게 되면, 당신 스스로 그런 생각들이 자꾸 떠오르는 것을 받아들이지 않게 될 것입니다."라고 했다.

그 환자는 "그런 생각들에서 벗어나려고 엄청나게 노력했

거든요.”라고 대답했다.

“스스로를 피곤하게 만든 겁니다. 그런 노력을 하면 할수록 그 생각들이 자꾸 돌아오거든요. 앞으로는 모두 쉽고 간단하게 그리고 무엇보다 아무런 노력 없이도 생각을 변화시키게 될 겁니다.”

그 남자는 불쑥 끼어들며, “제발 그렇게 되기를 바랍니다.”라고 했다.

“바로 그런 생각이 잘못된 겁니다. 만약 ‘어떤 일을 하고 싶어’라고 말한다면 당신의 상상력은 ‘오 그래? 하지만 할 수 없을 거야’라고 대답하게 되죠. 이렇게 말씀하셔야 합니다. ‘나는 그렇게 하고야 말 거야.’ 그리고 가능성의 범위에 있는 것이라면 그 일은 반드시 성공하게 될 겁니다.”

잠시 후 신경쇠약증을 앓고 있는 소녀가 들어왔다. 이 임상진료소를 세 번째 방문한다는 소녀는 지난 열흘 동안 집에서 자기암시 치료법을 실천하고 있었다. 밝은 미소를 지으면서 약간은 으쓱거리는 태도로 자신이 이미 상당히 회복되었다고 밝혔다. 더 많은 활력을 느끼게 되어 일상생활을 즐기기 시작했으며, 배불리 먹고 더욱 깊게 잠을 자게 되었다고 했다. 진지하고 순진한 소녀의 즐거워하는 표정은 동료 환자들의 믿음을 불러일으키는데 도움이 되었다. 그들은 치유의 생생한 증거로서 소녀를 바라보았으며, 그들 자신도 그렇게 될 수 있을 것이라고 믿었다.

쿠에는 문진을 이어갔다. 류머티즘이나 마비성 질환으로 인해 사지를 제대로 쓸 수 없는 이들에게는, 앞으로의 회복 가능성을 가늠하는 기준으로서 최대한의 노력을 기울여 움직여 보도록 요구했다.

파리에서 온 방문객 외에도 부축을 받지 않고는 걸을 수 없는 한 명의 남성과 여성이 있었다. 그리고 원래는 대장장이였지만 거의 10년 가까이 오른팔을 어깨 위로 들어 올릴 수 없었던 건장한 환자가 있었다. 각각의 증상에 대해 쿠에는 완전히 회복될 것이라고 일러주었다.

이러한 치료의 예비단계에서 그가 해주는 말들이 자기암시의 특징을 띠고 있는 것은 아니었다. 수년간의 경험에 바탕을 둔 자신의 의견을 소박하게 밝히는 것이었다. 비록 몇몇 환자들은 타고난 질병으로 고통을 받고 있어, 가망이 없다는 것을 인정하면서도 그는 치유의 가능성을 단 한번도 부정하지 않았다. 그 대신 고통이 멈추고, 의욕이 향상되며, 적어도 그 질병의 진행이 느려질 것이라고 약속하면서 이렇게 덧붙였다.

"여전히 자기암시 능력의 한계는 모두 알려지지는 않았습니다. 하지만 최종적인 회복은 가능합니다."

모든 기능 장애나 신경 장애의 경우, 기질성 질환보다 심각한 것은 아니므로 신중하게 적용된다면 자기암시가 그 고통을 완벽하게 제거해 줄 수 있다고 설명했다.

쿠에가 문진을 완전히 마무리하는 데에는 거의 40분이 걸렸다. 다른 환자들도 이 치료가 이미 자신들에게 가져다준 효과를 증언했다. 가슴이 고통스럽게 부풀어 올라 의사로부터 암일 수도 있다는 진단을 받았던(쿠에의 의견으로는 오진이었다) 한 여성은 3주 동안의 치료가 끝나기도 전에 통증이 완전히 사라졌다는 것을 확인했다. 또 다른 여성은 빈혈이 개선되었으며 몸무게가 9파운드 이상 늘었다고 했다.

한 남성은 정맥류성 궤양이 치료되었으며, 혼자 앉아 있던 다른 사람은 평생 고생했던 말을 더듬는 습관에서 벗어났다고 했다. 이전의 환자들 중 한 명만이 병이 개선되었다는 이야기를 하지 못했다.

쿠에는 그에게 이렇게 말했다.

"선생님, 그동안 열심히 노력해 오셨습니다. 의지(意志)가 아닌 상상력(想像力)을 믿도록 해야 합니다. 더 나아졌다고 생각하신다면 그렇게 될 것입니다."

쿠에는 자신의 이론을 대략적으로 이렇게 설명했다. 여기에 그의 주된 결론들이 충분히 드러나 있다.

첫째, 정신을 독점적으로 차지하고 있는 모든 생각은 실제로 육체적이거나 정신적인 상태로 변형된다.

둘째, 의지만으로 어떤 생각을 지배하려는 노력은 그 생각을 더욱 강하게 만드는 역할을 할 뿐이다.

이러한 사실을 증명해 보이기 위해 그는 환자들 중에서 빈혈이 있어 보이는 젊은 여성에게 간단한 실험을 해보자고 제안했다. 두 팔을 앞으로 뻗어 깍지를 끼고 맞잡은 손이 약간

떨릴 정도로 세게 힘을 주도록 했다.

"두 손을 바라보세요. 그리고 그 손을 떼어놓고 싶지만 그럴 수 없다고 생각해 보십시오. 자, 이제 떼어놓으려고 해보세요. 그렇게 하면 할수록 깍지 낀 두 손이 더욱 더 단단해지는 것을 알게 될 겁니다."

그 여성은 손목에 살짝 경련을 일으키며 온 힘을 다 해 두 손을 떼어놓으려고 최선을 다했다. 하지만 관절이 하얗게 변할 때까지 더욱 강하게 떼어놓으려 할수록 깍지 낀 손은 떨어지지 않았다. 마치 그의 통제를 벗어난 어떤 힘이 두 손을 꼼짝 못하게 만드는 것처럼 보였다.

"자, 이제 두 손을 떼어놓을 수 있다고 생각해보세요."

움켜잡고 있던 두 손이 서서히 느슨해졌고, 살짝 당기자 꽉 끼어 있던 손가락들이 떨어졌다. 그는 자신에게 관심이 집중되자 수줍게 미소지으며 자리에 앉았다.

쿠에는 자기 이론의 두 가지 주요한 의미가 그렇게 해서

동시에 증명되었다고 밝혔다. 환자의 정신이 '나는 할 수 없어'라는 생각으로 가득 차 있을 때는 두 손을 실제로 떼어낼 수 없었다. 더 나아가 의지를 발휘하는 것으로 비틀어 떼어놓으려던 노력은 깍지를 더욱 더 단단하게 만들었을 뿐이었다.

환자들에게 차례대로 똑같은 실험을 실시해보도록 했다. 그들 중에서 상상력이 좀 더 강한 사람들(주로 여성들)은 즉시 성공을 했다. 나이 많은 어떤 부인은 '나는 할 수 있어'라고 생각하라는 요청을 무시할 정도로 '나는 할 수 없어'라는 생각에 지나치게 몰입해 있었다.

쿠에는 미소를 지으며 말했다.
"부인께서 현재의 생각을 고집하신다면, 살아 계시는 동안 두 손을 영영 떼어낼 수 없을 겁니다."

하지만 남성들 중 몇 명은 단번에 성공하지 못했다. 팔을 못 쓰게 되었던 왕년의 대장장이는 '두 손을 떼어놓고 싶지만 그럴 수가 없어'라고 생각하라는 말을 듣고 아무런 어려움 없이 두 손을 떼어놓았다.

쿠에는 미소를 지으며 말했다.

"보셨듯이 제가 말씀드린 것이 아니라 당신이 생각하고 있는 것에 달려 있는 겁니다. 그 때 어떤 생각을 하고 계셨었나요?"

그는 잠시 머뭇거렸다.

"결국에는 손을 떼어낼 수 있을 거라고 생각했습니다."

"바로 그것입니다. 그래서 떼어놓을 수 있었던 거지요. 이제 다시 두 손을 꼭 잡아보세요. 힘껏 잡아보시죠."

압력이 제대로 가해졌을 무렵에 쿠에는 '난 할 수 없어, 할 수 없어...'라는 말을 반복해 보라고 했다. 그가 이 말을 반복하자 꼭 잡은 손에는 힘이 더욱 강해졌고 잡은 손을 풀어내려는 그의 모든 노력은 수포로 돌아갔다.

"자 보세요. 이제 제 말을 들어보십시오. 지난 십 년 동안 팔을 어깨 위로 들어 올릴 수 없다고 생각해 왔습니다. 그래서 그렇게 할 수 없었던 것입니다. 어떤 일이든 우리가 생각하는 것은 우리에게 진실이 됩니다. 이제 '나는 팔을 올릴 수 있다'고 생각하십시오."

그 환자는 의심스러운 눈초리로 쿠에를 바라보았다.

쿠에는 근엄한 목소리로 말했다.
"어서요! '나는 할 수 있다, 할 수 있다'라고 생각하세요."

그 남자는 "나는 할 수 있다"라고 말했다. 그는 내키지 않는 듯이 시도했으며 어깨의 통증을 불평했다.
"좋아요. 팔은 내리지 마세요. 두 눈을 감고 나를 따라서 최대한 빠르게 통증이 '사라진다, 사라진다.'라고 반복해 보십시오.

두 사람은 거의 30초 동안 이 구호를 함께 반복했다. 얼마나 빨리 반복했던지 마치 빠르게 회전하는 기계에서 나는 소리 같았다. 잠시 후에 쿠에는 재빠르게 그 남자의 어깨를 툭 쳤다. 그런 시간이 지나고 나자, 그 환자는 통증이 사라졌다고 했다.

"자, 이제는 팔을 들어 올릴 수 있다고 생각해보세요."

통증이 사라졌다는 사실이 그 환자에게 믿음을 주었다. 조금 전에는 혼란스럽고 의심으로 가득했던 그의 얼굴은 이제 마음속에 갖게 된 능력에 대한 생각으로 밝아졌다.

"나는 할 수 있다." 그는 확고한 어조로 말했다. 그리고 별다른 노력 없이 차분히 팔을 머리 위로 한껏 들어 올렸다. 그는 잠시 동안 의기양양하게 팔을 들고 있었고 그곳에 있던 사람들은 모두 박수를 치며 그를 격려해주었다.

쿠에는 그의 손을 잡고 흔들었다.

"자, 이제 치료되었습니다."

"정말 놀라운 일이군요." 그 남자가 대답했다. "이제는 믿을 수 있습니다."

"이제 직접 보여주세요." 쿠에가 말했다. "내 어깨를 한번 쳐보세요."

그 환자는 웃음을 터뜨리며 부드럽게 그의 어깨를 툭 쳤다.

"더 세게 쳐보세요." 쿠에가 부추겼다.

"내 어깨를 더 세게 쳐보세요. 최대한 세게 쳐보세요."

　그는 팔을 들어 올려 쿠에가 그만 하라고 할 때까지 점점 더 세게 일정한 간격으로 내려쳤다.

　"자 보세요. 이제는 작업장으로 돌아가셔도 됩니다."

　그 남자는 자신의 자리로 돌아갔다. 여전히 방금 일어난 일을 이해할 수는 없었다. 이따금씩 그는 마치 다시 확인이라도 하고 싶다는 듯이 팔을 들어 올리며 놀란 목소리로 '나는 할 수 있어, 난 할 수 있어'라고 했다.

　잠시 후에는 극심한 신경통을 호소하는 한 여성이 자리에 앉았다. '이제 통증이 사라지고 있다'라는 말을 반복하자 고통은 30초가 채 지나기도 전에 사라졌다.

　다음은 파리에서 온 환자의 차례였다. 지금까지 지켜본 일들이 그에게 자신감을 주었다. 그는 좀 더 꼿꼿하게 앉아 있었으며, 그의 양 뺨에는 약간의 홍조가 생기더니 떨림은 서서히 잦아들었다. 실험을 실시한 그는 즉시 성공했다.

　쿠에가 말했다.

　"이제 선생님은 잘 일구어진 땅이에요. 나는 한 줌의 씨앗을 그곳에 뿌릴 수 있습니다."

쿠에는 먼저 그 환자로 하여금 등을 펴고 무릎을 곧게 한 채 똑바로 서게 했다. 그리고 끊임없이 '나는 할 수 있다'라고 생각하면서, 두 발에 번갈아 체중을 싣는 동작, 즉 이른바 '제자리걸음'이라 불리는 운동을 천천히 수행하도록 했다.

이윽고 의자들을 치워 공간을 만들고, 그는 지팡이를 버린 채 앞뒤로 걷도록 했다. 그의 걸음걸이가 흐트러지자 쿠에는 그를 멈춰 세우고 잘못된 점을 지적한 뒤, 다시 '나는 할 수 있다'라는 생각을 심어주어 바로잡게 했다. 점진적인 호전은 그 남성의 상상력을 불러일으켰고, 그는 자기 자신을 주도적으로 다스리기 시작했다.

그의 거동은 조금씩 자신감으로 채워졌으며, 조금 더 쉽고 조금 더 빠르게 걸었다. 그의 곁에 있던 어린 딸은 만면에 미소를 짓고 행복에 겨워 기쁨과 감탄과 격려의 말들을 쏟아냈다. 그곳에 있던 모든 사람들이 웃음을 터뜨리며 박수를 쳤다.

쿠에는 "식사를 하고 난 후에는 이 정원으로 달려오시게 될 거예요."라고 말했다.

　이렇게 쿠에는 클리닉을 돌며 진료를 이어갔다. 통증을 겪는 환자들은 완전하거나 부분적인 고통 완화를 얻었고, 쓸모없던 사지를 가진 이들은 정도의 차이는 있지만 움직임을 되찾았다.

　쿠에의 태도는 언제나 차분하게 격려하는 것이었다. 격식 같은 것은 없었고, 우월한 사람이 보일 법한 태도 역시 없었다.

　그는 가난하거나 부자이거나 똑같이 친근한 배려로 모든 사람들을 대했다. 하지만 이러한 범위 내에서 그는 환자의 기질에 맞추어 자신의 어조를 변화시켰다.

　때로는 단호했으며, 때로는 부드럽게 농담을 건넸다. 그는 약간의 유머러스한 연기를 보일 모든 기회를 놓치지 않았다. 재치 있게 환자들을 다독이며 그들의 병이 터무니없고 조금은 부끄러운 것이라는 생각을 심어주었다고도 할 수 있다.

　아픈 상태란 기묘하지만 비난받아 마땅한 나약함이므로, 빨리 벗어나야 한다는 것이다. 사실 질병을 두려운 존재로 떠받드는 관념 자체를 부정하는 태도는 이곳의 특징 중 하나였다. 질병은 두려운 군주로 숭배되지 않는다. 그것은 부드럽게 조롱당하고, 그 공포를 보잘것없게 만들게 되고, 환자들은 결국 질병을 비웃게 된다.

그런 후에 쿠에는 독특한 암시의 형식으로 진행해 갔다. 환자들의 눈을 감게 하고 나직하고 단조로운 목소리로 환자들의 마음에 그들이 찾고 있는 정신적, 육체적 건강 상태를 불러일으키는 과정을 진행했다. 환자들은 그의 말을 들으며 각성상태가 서서히 약해지면서 나른한 상태로 빠져들었고, 그들의 정신 속에는 그가 불러낸 생생한 이미지들만이 자리 잡았다.

나뭇잎이 살짝 스치는 소리, 새들의 노래, 정원에서 기다리는 사람들의 낮은 목소리가 어우러져 아늑한 배경을 이루었고, 그 위로 그의 말이 힘 있게 도드라졌다.

그는 이렇게 말했다.

"내가 지금부터 하는 모든 말이 여러분의 마음속에 고정되고, 새겨지고, 깊이 각인될 것이라고 스스로에게 말하십시오. 그것들은 그렇게 고정되고 새겨져, 여러분의 의지나 지식과는 상관없이, 여러분이 무슨 일이 일어나고 있는지 전혀 의식하지 못하는 사이에, 여러분 자신과 여러분의 온몸이 그것을 따르게 될 것입니다."

"우선 나는 이렇게 말합니다. 여러분은 매일 하루 세 번, 아침, 정오, 저녁 식사 시간마다 반드시 배고픔을 느낄 것입니다. 다시 말해 '뭔가 먹고 싶다!'라고 생각하게 만드는 그 기분 좋은 감각을 느낄 것입니다. 그때 여러분은 훌륭한 식욕으로 음식을 맛있게 먹을 것이지만, 결코 과식하지 않을 것입니다. 여러분은 너무 많지도, 너무 적지도 않게 적당한 양을 먹게 될 것이며, 언제 충분히 먹었는지를 직관적으로 알게 될 것입니다. 또한 여러분은 음식을 철저히 씹어 부드러운 죽처럼 만든 뒤 삼키게 될 것입니다."

"이러한 조건에서 여러분은 음식을 잘 소화할 것이며, 위나 장에서 어떤 불편함도 느끼지 않을 것입니다. 영양 흡수는 완벽하게 이루어지고, 여러분의 몸은 그 음식을 가장 최선의 방식으로 활용하여 피와 근육, 힘과 에너지, 한마디로 '생명'을 만들어 낼 것입니다."

"음식을 제대로 소화했으므로 배설 기능도 정상적으로 이루어질 것입니다. 이것은 매일 아침 잠에서 일어나자마자 이루어질 것이며, 어떤 완화제나 인위적인 수단에도 의존하지 않게 될 것입니다."

"매일 밤 여러분은 원하는 시간에 잠들고, 다음 날 아침 깨어나고자 하는 시간까지 계속 잘 수 있을 것입니다. 여러분의 잠은 나쁜 꿈이나 불쾌한 신체 상태에 방해받지 않고, 고요하고 평화롭고 깊을 것입니다. 꿈을 꿀 수도 있지만, 그 꿈은 언제나 즐거운 꿈일 것입니다. 아침에 깨어나면 여러분은 몸이 개운하고, 정신이 맑으며, 하루의 과업을 향해 열정적으로 나아가고자 하는 의욕을 느낄 것입니다."

"과거에 여러분이 우울이나 침울함, 불길한 예감에 시달려왔다면, 이제부터는 그런 문제들로부터 자유로워질 것입니다. 변덕스럽고 불안하며 우울했던 대신, 여러분은 쾌활하고 행복해질 것입니다. 특별한 이유가 없어도 행복을 느낄 것이며, 마치 과거에 아무런 이유 없이 불행했듯이 이제는 이유 없이 행복할 것입니다. 심지어 심각하게 걱정하거나 우울해할 만한 이유가 있더라도 여러분은 그렇게 되지 않을 것입니다."

"만약 그동안 안절부절못하며 조급했다면 이제 더 이상 그렇지 않을 것입니다. 오히려 언제나 인내심을 가지고 자신을 통제할 수 있게 될 것입니다. 과거에는 여러분을 짜증나게 하던 일들도 이제는 여러분을 전혀 흔들지 못하고, 평온함을 유지하게 할 것입니다."

"만약 여러분이 때때로 악하고 해로운 생각이나 두려움, 공포에 시달려왔다면, 그런 생각들은 점차 여러분의 마음을 차지하지 않게 될 것입니다. 그것들은 구름처럼 사라질 것입니다. 우리가 깨어날 때 꿈이 사라지듯, 이 헛된 상들도 그렇게 사라질 것입니다."

"또한 여러분의 모든 장기는 완벽하게 제 역할을 하게 될 것입니다. 심장은 정상적으로 뛰고, 혈액은 마땅히 그래야 하듯 순환할 것입니다. 폐는 제 역할을 잘 수행할 것이며, 위와 장, 간, 담관, 신장과 방광도 모두 정상적으로 기능할 것입니다. 현재 이 중 어떤 장기가 제대로 작동하지 않더라도, 그 장애는 날마다 점점 줄어들어 머지않아 완전히 사라지고, 해당 장기는 정상적인 기능을 회복할 것입니다."

"더 나아가, 어떤 장기에 구조적 손상이 있더라도 오늘부터 그것은 점차 회복되어 머지않아 완전히 복구될 것입니다. 여러분이 그 문제를 인식하지 못하고 있더라도 마찬가지로 그렇게 될 것입니다."

"또 한 가지, 매우 중요한 점을 덧붙여야 합니다. 과거에 여러분이 자신에 대한 신뢰가 부족했다면, 이 자기불신은 점차 사라질 것입니다. 여러분은 자신을 신뢰하게 될 것입니다. 다시 말합니다, 여러분은 자신을 신뢰하게 될 것입니다. 이 신뢰는 여러분 안에 있는 막대한 힘을 인식함으로써 생겨날 것이며, 그 힘을 통해 여러분은 이성이 승인하는 어떤 과업이든 성취할 수 있습니다. 이러한 자신감을 바탕으로 여러분은 합리적인 한도 안에서, 그리고 여러분이 해야 할 일이라면 무엇이든 해낼 수 있을 것입니다."

"여러분이 어떤 일을 해야 할 때마다, 그것이 쉽다고 항상 생각할 것입니다. '어렵다', '불가능하다', '나는 할 수 없다'와 같은 말들은 여러분의 어휘에서 사라질 것입니다. 그 자리를 대신할 말은 '그건 쉽고, 나는 할 수 있다'가 될 것입니다. 이렇게 여러분이 일을 쉽다고 여기면, 설령 다른 사람들에게는 어렵더라도 여러분에게는 쉬운 일이 될 것입니다. 여러분은 그것을 수월하게, 힘들이지 않고, 피로도 없이 해낼 것입니다."

이러한 일반적인 암시가 끝나면, 쿠에는 환자들이 앓고 있는 특정 질환과 관련된 개별 암시를 이어갔다. 그는 환자 한 명씩 차례로 다루며, 그들의 머리에 손을 가볍게 얹고 곧 그들에게 깃들 건강과 활력을 마음속에 그리도록 이끌었다. 예컨대 다리에 궤양이 있는 한 여성에게는 이렇게 말했다.

"이제부터 당신의 몸은 다리를 완전한 건강으로 회복하기 위해 필요한 모든 일을 할 것입니다. 다리는 빠르게 치유될 것이며, 조직은 탄력을 되찾고, 피부는 부드럽고 건강해질 것입니다. 머지않아 당신의 다리는 강하고 튼튼해질 것이며, 앞으로도 언제나 그렇게 유지될 것입니다."

특별한 병들은 그렇게 적절한 표현으로 다루었다. 그가 그 작업을 마치고 눈을 뜨라고 말했을 때, 환자들은 마치 달콤한 꿈에서 마지못해 깨어나고 있는 것처럼 나지막한 한숨소리를 내뱉었다.

그런 다음 쿠에는 환자들에게 자신에겐 치유하는 능력이 전혀 없으며 어떤 사람을 치유해본 적도 전혀 없다고 설명했다. 환자들 스스로가 행복을 위한 동기를 갖추게 된다는 것이었다. 환자들이 확인했던 좋은 결과들은 그들 각자의 생각에서 비롯된 것이었다. 그는 단지 건강이라는 생각을 환자들의 마음속에 심어주는 대리자인 것이다. 이제부터는 환자들 자신이 스스로의 운명을 인도하는 안내자가 될 것이고, 그렇게 되어야만 한다. 그 후에 그는 환자들에게 그의 명성과 관련된 문구를 반복할 것을 요청한다.

"나는 날마다, 모든 면에서, 점점 더 좋아지고 있다."[1]

정해진 시간이 모두 끝났다. 환자들을 자리에서 일어나 쿠에의 주변으로 몰려들어 질문을 하고 감사를 표시하고 그의 손을 부여잡고 흔들었다. 몇몇 사람은 이미 치료되었다고 밝혔으며, 일부는 훨씬 더 좋아졌다고 하고, 또 다른 사람들은 앞으로 치유될 것을 확신한다고 말했다. 그것은 마치 고통에 대한 압박이 그들의 정신에서 떨어져나간 것과 같았다. 짓눌리고 괴로웠던 마음으로 그곳에 들어왔던 사람들은 희망과 낙관이 밝게 빛나는 얼굴로 그곳을 떠났다.

하지만 쿠에는 지나치게 열성적인 환자들을 물러서게 하면서 제대로 걷지 못하는 세 명의 환자들을 손짓으로 불러, 과실수 가지 아래로 나 있는 자갈길로 안내했다. 다시 한 번 그들의 정신에 용기와 힘이라는 생각을 깊이 새기면서 한 사람씩 부축 없이 그 길을 따라 걸어보도록 권했다. 머뭇거리는 그들에게 뛰어갈 수도 있고, 뛰어야만 하고, 자신들의 능력을 믿어야만 하고, 그들의 생각이 행동으로 나타날 것이라고 말하면서 거듭 권했다.

쿠에는 확신 없이 걸음을 떼는 그들을 따라가며 줄곧 용기를 북돋아주었다. 그들은 머리를 꼿꼿이 들고 땅에서 발을 떼기 시작했고 보다 더 자유롭고 확신에 찬 걸음을 내딛기 시작했다. 길이 끝나는 곳에서 돌아선 그들은 꽤나 큰 걸음을 내딛고 있었다. 움직임은 자연스럽지 않았지만 50대 후반인 사람들이 자연스럽게 뛰는 경우는 드물다. 지팡이에 의지해 절룩거리며 진료소에 왔던 이들 세 명의 환자가 이제 한 시간에 족히 5마일이 되는 거리를 걷고 있으며, 스스로 걷게 된 것에 진심으로 기뻐하며 웃음을 터뜨렸다. 모여 있던 환자들은 저도 모르게 환호했으며, 쿠에는 슬그머니 자리를 떠나 실내에서 자신을 기다리고 있는 새로운 환자들에게 다가갔다.

---

1) 여기에서 제시된 쿠에의 처방에 대한 번역은 1921년 11월에 영국을 방문했을 때 대중화되었던 것과는 약간 다르다. 하지만 위의 처방은 그가 가장 적절하다고 여기는 영국 버전이다.

제2장

쿠에의 몇 가지 치료법

A FEW OF COUÉ'S CURES

제2장

쿠에의 몇 가지 치료법

자기암시를 유도해 만들어낸 결과들에 대해 독자들에게 더 명확하게 전달하기 위해, 나는 여기에서 나 자신이 일정 부분 증인이 되었으며, 그 후에 쿠에의 일부 환자들이 편지를 통해 직접 밝혔던 몇 가지 사례들을 소개하려 한다.

내가 그 후에 참석했던 아침 진료에는 5년 동안 소화불량을 겪었던 한 여성이 있었다. 최근에 증상이 더욱 나빠져 지금은 우유 식이요법마저 줄인 그녀는 엄청난 고통을 겪고 있었다. 그로 인해 대단히 야위었고 빈혈을 겪게 되었으며, 의욕이 떨어지고 쉽게 피로해지며 우울증을 겪고 있었다.

진료과정이 시작되면서 몇몇 환자들이 얻게 된 고통 경감에 대한 이야기들이 그녀의 상상력을 자극했던 것으로 보였다. 그녀는 쿠에의 소견을 적극적으로 받아들이면서, 그의 질문들에 활발하게 대답했다. 그리고 진료과정에서 확인한 희망적인 사례들을 들으며 매우 밝게 웃었다.

그 날 오후 5시 무렵에 이 여성이 면담을 요청했을 때 나는 우연히 쿠에와 함께 앉아 있었다. 만족스러운 표정으로 그녀는 방으로 안내되었다. 그녀는 클리닉을 떠난 뒤 시내의 한 식당에 들러 정식 점심을 주문했다고 보고했다. 그리고 오르되브르에서부터 블랙커피에 이르기까지 모든 코스를 성실히 다 맛보았다고 했다. 식사는 1시 30분에 끝났으며, 지금까지 아무런 불편도 느끼지 않았다고 말했다.

며칠 후 그녀는 다시 클리닉을 찾아와 소화불량이 재발할 조짐이 전혀 없었고, 건강과 기분이 나아지고 있으며, 이제 자신이 완치되었다고 생각한다고 했다.

천식을 심하게 앓고 있던 환자의 경우도 있었다. 주기적인 발작으로 밤에 잠을 잘 수 없었고 조금이라도 힘을 써야 하는 일을 전혀 할 수 없게 만들었다. 계단을 오르는 일조차 상당한 고통을 동반한 느린 과정이었다. 그러나 손을 이용한 실험이 매우 성공적으로 이루어지자, 쿠에는 그에게 곧바로 증상이 완화될 것이라고 확신을 주었다.

"떠나시기 전에 저 계단들을 아무런 불편함도 없이 한달음에 오르내릴 수 있을 겁니다."

진찰이 끝날 즈음 '나는 할 수 있다'는 암시를 유도하면서 그 환자는 아무런 어려움 없이 계단을 올랐다. 그날 밤 통증은 약하게 재발했지만, 그는 진료소에 계속 참석했으며 집에서도 그 운동을 실천했으며, 2주가 지나지 않아 마침내 천식에서 벗어났다.

나와 이야기를 나누었던 다른 환자들 중에는 척추 만곡으로 고통을 겪고 있던 청년이 있었다. 진료소에 넉 달째 참여하고 있던 그는 집에서 자기암시를 실천하고 있었다. 그의 의사는 척추가 서서히 정상적인 위치로 회복되고 있다고 확인해주었다. 스물두 살의 어떤 여성은 어릴 적부터 몇 주 동안의 간격으로 재발하는 간질병 발작으로 고통을 받고 있었다. 6개월 전 처음 진료소를 방문한 이후 발작은 멈추었다.

하지만 자기암시의 가장 확실한 증언은 환자들이 직접 작성한 편지에서 발견할 수 있었다.

다음은 쿠에가 받았던 편지들에서 발췌한 내용이다.

"63세였을 때, 30년 넘게 천식과 그에 수반되는 모든 합병증으로 고통을 받았고, 밤의 4분의 3은 침대에 앉아 항천식 분말을 흡입해야 했습니다. 거의 매일 일어나는 발작 때문에 고통을 겪었으며 특히 춥고 건조한 계절에는 걸을 수

조차 없었습니다. 심지어는 언덕을 내려갈 수도 없었죠. 요
즘은 매우 즐거운 마음으로 밤을 맞이하고 있습니다. 천식
약은 이제 서랍 속에 넣어버렸어요. 지금은 잠시도 머뭇거리
지 않고서도 2층으로 올라갈 수 있게 되었답니다."

몽드 마르상에서 D.
1921년 12월 15일

"어제는 열병이 무척 좋아져서 지난 여름 이후로는 찾아
간 적이 없던 나의 주치의에게 돌아가기로 결정했습니다. 검
사 결과는 정상적인 수치를 보였습니다. 방광은 여전히 고
통스럽기는 하지만 많이 나아졌습니다. 어쨌든 현재로선 그
토록 걱정했던 치유 효과에 대한 의문은 전혀 없습니다. 지
금은 나 스스로 완전하게 회복할 수 있겠다는 확신을 갖고
있습니다."

밀르즈에서 M. D.
1921년 9월 24일

"선생님을 찾았던 알코올 중독 환자에게 아주 좋은 소식이 있어 알립니다. 이제는 치유되었다고 그녀가 직접 주변의 모든 사람들에게 공표를 했거든요. 어제는 지난 14년 동안 요즘처럼 술을 마시지 않고 오래 지냈던 적은 없었다고 하더군요. 그녀 자신도 깜짝 놀랐던 것은 술 생각을 하지 않으려고 애쓰지 않아도 된다는 것이었습니다. 더 이상 술이 필요하다고 느끼지 않는다는군요. 게다가 잠도 아주 편안하게 잘 자고 있답니다. 가끔은 맑은 정신을 유지하는 것이 불안하기도 하지만 점점 더 차분해지고 있고요. 한마디로 말해, 이제는 새로운 사람이 되었습니다. 하지만 제가 가장 인상 깊었던 것은 선생님의 치유 방식을 채택하면서 스스로 최후의 수단이라고 생각해서, 만약 아무런 도움이 되질 않는다면 자살을 하기로 결정을 했었다는 사실입니다. 이미 한번 시도했던 적도 있었거든요."

파리의 의사 P

1922년 2월 1일

"8년 동안 자궁 탈출로 고통을 받았습니다. 지난 5개월
동안 선생님의 자기암시 요법을 활용했고 이제는 완전히 치
료되었어요. 선생님께 어떻게 고마움을 표현해야 할지 모르
겠네요."

툴에서 S.

"독일에서 돌아온 아들이 빈혈도 심하고 끔찍한 우울증
에 시달리고 있었지요. 선생님을 잠시 뵙고 왔는데 지금은
아주 좋아졌습니다. 그래서 감사 인사를 전하고 싶었어요.
제겐 선생님이 치유해주신 어린 사촌도 있거든요. 신경병을
앓고 있던 그 아이도 이제는 주변에서 일어나고 있는 일들
을 전혀 의식하지 않게 되었습니다. 이제 완벽하게 치유되었
거든요."

보주에서 S. E.

1921년 10월 19일

"선생님의 기적적인 치유법에 감사를 표시하기 위해 아
내와 저는 거의 1년을 기다렸습니다. 지난 봄에 선생님께서

방문해주신 이후로 아내가 앓고 있던 끔찍한 천식 발작이 완전히 사라졌습니다. 처음 몇 주 동안은 일시적인 압박감과 발작의 초기 증세를 겪었습니다. 하지만 자기암시를 실천하면서 이제는 몇 분 안에 진정시킬 수 있게 되었습니다. 감사한 마음을 좀 더 일찍 전하고 싶었지만 아내는 거의 1년을 기다리면서 자신의 증언을 더욱 확실하게 전하고 싶다고 했습니다. 선생님의 치료를 받은 후로는 끔찍한 천식 발작이 전혀 없었습니다."

사르브룩에서 J. H.

1921년 12월 23일

"제가 겪었던 소름끼치는 증상들이 모두 사라졌습니다. 머리에 빨갛게 달아오른 철제 띠를 두른 것처럼 느껴지곤 했고, 속쓰림과 악몽에 시달리면서 몇 달 동안 계속되는 심한 신경발작을 겪기도 했지요. 옆머리와 목덜미에 마치 못이 박히는 듯한 통증이 있었고, 더 이상 고통을 견딜 수 없다고 느낄 때쯤이면 뇌가 담요에 짓눌려 질식하는 것만 같았습니다.

이 모든 통증이 한꺼번에 몰려왔다 사라지곤 했습니다. 시시때때로 고통이 몰려왔습니다. 죽고 싶다는 생각이 들

때도 많았지요. 고통이 너무 심해서 죽고 싶다는 생각과 싸
워야만 했습니다. 5주 동안 낭시에서 선생님의 친절한 보살
핌을 받으며 마침내 정상적인 상태로 집으로 돌아갈 수 있
게 되었습니다."

피티비에 르 비에이에서 N.

1921년 8월 16일

"결핵으로 왼쪽 다리 수술을 네 번이나 받았는데, 1920년
9월 1일에 다시 한 번 같은 병에 걸렸습니다. 제가 상담했던
의사들은 모두 수술이 필요하다고 했습니다. 무릎에서 발
목까지 다리를 절개해야 했고, 수술이 실패하면 절단하는
수밖에 없었습니다. 그 무렵 선생님의 치료법에 대해 듣고
1920년 11월 6일에 처음으로 낭시를 방문했습니다. 그 후
로 조금 나아졌다는 걸 즉시 느낄 수 있었습니다. 그래서 선
생님의 지시를 정확히 따랐고 그 후로도 세 번 더 방문했습
니다. 세 번째 방문했을 때 비로소 완전히 치료되었다는 걸
알 수 있었습니다."

로렌에서 L.

"엄청난 크기로 부풀어 올라 15년 이상 끔찍한 고통을 겪게 했던 엄지발가락의 염증이 사라졌다는 걸 알려드리게 되어 무척 행복합니다."

지롱드에서 L. G.

"저와 제 가족에게 베풀어주신 엄청난 도움에 얼마나 감사한지 말씀드리지 않고는 프랑스를 떠날 수가 없을 것 같습니다. 조금 더 일찍 선생님을 만났더라면 더 좋았을 텐데 하는 아쉬움이 남습니다. 사실 살아오는 내내 제가 겪었던 불행은 지속적인 자제력이 부족하다는 것이었습니다. 저는 때때로 영리하다는 소리를 들었지만, 주기적으로 오만하고 방종한 태도에 빠져들곤 했습니다. '나는 스스로 훌륭한 체질을 망치기 위해 최선을 다했고, 내게 주어진 능력들을 허비해 왔습니다. 그런데 단 며칠 만에 당신은 나를 그리고 그것이 영구적이라고 느껴질 만큼, 스스로를 다스리는 사람으로 만들어 주셨습니다. 어떻게 하면 이 은혜에 충분히 보답할 수 있을까요?'

내가 이렇게 빠르게 완치될 수 있었던 것은, 당시에는 불운한 사고라고 여겼던 일이 오히려 도움이 되었기 때문일지도 모릅니다. 기차에서 내리다 눈이 덮인 계단에서 미끄러져 오른쪽 무릎을 심하게 삐었지요. 첫 방문 전 아침 식탁에서 한 투숙객이 내게 말했습니다. '쿠에 선생님께 말씀드려 보세요. 그분이 다 바로잡아 주실 겁니다.' 나는 속으로 '흥!' 하고 웃으며, 재미 삼아 당신께 그 이야기를 했습니다. 그러자 당신은 '그건 아무것도 아니네요.'라고 말하며, 모인 환자들에게 강의를 시작하기 전 우리가 나누던 더 중요한 대화로 곧 넘어갔던 것이 기억납니다.

그러다 단순한 흥미를 넘어 진지한 관심을 갖게 되었고, 강의가 끝날 무렵 선생님이 갑자기 돌아서서 '무릎은 어때요?'라고 물었을 때, 그때까지 무릎 이야기는 전혀 하지도 않았는데 내가 무릎의 통증이 없어졌다는 사실을 깨달았을 때, 또다시 웃음을 터뜨렸습니다.

하지만 이번 웃음은 당신의 방에 절뚝거리며 들어왔던 나를 본 이들이 지은 웃음과는 달리, 당혹스러운 놀라움과 막 피어나기 시작한 믿음에서 비롯된 웃음이었습니다. 그리고 당신은 이 믿음을 곧바로 내 안에 단단히 심어주었습니다."

런던에서 G. H.

1922년 1월 11일.

제3장

어린이 진료소

THE CHILDREN'S CLINIC

프랑스 곳곳에서, 거의 전적으로 이전 환자들로 구성된 작은 일군의 사람들이 에밀 쿠에의 사상을 전파하며, 그 성과는 거의 스승에 필적할 정도이다. 이 조력자들 가운데 누구보다 헌신적이고 탁월한 성과를 거둔 인물이 카우프만양이다. 내가 방문했을 당시, 그녀는 낭시 클리닉의 아동부를 관리하고 있었다.

쿠에가 1층에서 진료를 진행하고 있는 동안 아기들을 팔에 안고 있던 2~3명의 젊은 어머니들이 2층으로 올라가는 것을 볼 수 있었다. 그곳에서는 아래층에서 진행되고 있는 것과는 전혀 다른 성격의 작은 드라마가 실연되고 있었다.

밝은 그림들로 장식되고 장난감들로 꾸며진 넓은 방 안에는 젊은 여성들이 차분히 넓은 원을 이루어 앉아 있었다. 그녀들의 품에는 병든 아이들이 안겨 있거나 발치에서 놀고 있었다. 그중에는 유전병으로 인해 처음부터 생명이 위태로운 아이도 있었다. 피부와 뼈만으로 이루어진 작은 몸, 대나무 줄기처럼 가느다란 팔다리를 가진 아이였다.

또 다른 아이는 마치 자신이 왔던 세상으로 돌아가려고 하는 듯 꿈짝도 않고 두 눈을 감고 죽은 듯한 얼굴로 누워 있었다. 한쪽 다리가 뒤틀린 작은 아이가 움직이려 애쓰며 기형의 다리를 끌고 기어가고 있었다. 그 옆에서는 다섯 살쯤 된 아이가 몹시 지친 듯 가느다란 팔로 허공을 마구 휘저으며 신경질적인 발작을 일으키고 있었다.

방 안에는 나이가 조금 더 많은 아이들도 있었다. 눈과 귀의 질병을 앓고 있거나 간질, 구루병 등이 심하거나 경미하거나 자라나는 생명이 모두 고통을 겪고 있었다.

그 원의 중심에는 짙은 머리칼과 다정하면서 눈빛이 또렷한 젊은 여성이 앉아 있었다. 그녀의 무릎 위에는 내반족을 앓고 있는 네 살배기 남자아이가 앉아 있었다. 그녀는 투박한 보조화를 벗기고 발을 다정하게 어루만지며, 이미 회복이 빠르게 시작되었고 곧 완전히 나아질 거라고 속삭이듯 부드러운 말투로 이야기했다.

발은 점점 좋아지고 있고, 관절은 부드러워져서 훨씬 쉽게 움직일 수 있으며, 근육은 자라고 힘줄은 발을 올바른 방향으로 끌어당기면서 곧고 튼튼하게 만들어줄 것이라고 말했다. 이제 곧 발은 완전히 정상으로 돌아올 것이며, 걷고 뛰며,

다른 아이들과 함께 놀고, 줄넘기도 하고 링도 굴릴 수 있을 것이며, 학교에 가서 공부도 하게 되고, 똑똑하고 잘 받아들이는 아이가 될 거라고 했다.

그녀는 또, 네가 점점 말을 잘 듣고, 명랑하고, 남에게 친절하며, 정직하고 용감해질 것이라고 말했다. 아이는 한쪽 팔로 그녀의 목을 감싸안고 조용히 미소 지으며 듣고 있었다. 만족스러운 표정을 지으며 그 순간을 즐기고 있는 듯했다.

카우프만 양이 그렇게 아이를 돌보고 있는 동안, 주위의 여성들은 조용히 앉아 그녀를 뚫어지게 바라보고 있었다. 아마도 마음속으로는 저 아이 대신 자기 아이가 그런 좋은 모습이 되기를 떠올리고 있었을 것이다.

아이들은 조용히 있었다. 어떤 아이는 멍하니 이야기를 들었고, 또 어떤 아이는 장난감을 가지고 조용히 놀았다. 카우프만 양은 아이들에게 간간이 조언을 건넬 뿐, 거의 관심을 두지 않았다. 그녀의 온 신경은 무릎 위의 아이에게 집중되어 있었고, 생각과 마음은 사랑과 연민이 실린 흐름을 따라 아이에게 향하고 있었다. 그녀는 평생을 아이들에게 바쳐왔고, 그들을 친자식처럼 사랑했다.

그 방의 분위기는 병원이라기보다 오히려 교회에 가까웠다. 어머니들은 근심을 문밖에 두고 들어온 듯했다. 그들의 얼굴에는 저마다 정도의 차이는 있지만 고요한 믿음이 서려 있었다. 치료가 약 10분쯤 이어진 뒤, 마드모아젤 카우프만은 아이를 어머니에게 돌려보내며 몇 마디 조언을 건넸다.

그리고 다음 아이에게로 돌아섰다. 이번에는 생후 1년이 채 안 된 아기였다. 뚜렷한 병은 없었지만 늘 잔병치레를 하고 있었다. 체중은 정상보다 낮았고, 여러 음식을 시도해봤지만 효과가 없었으며, 의사의 처방도 별다른 개선을 가져오지 못했다. 마드모아젤은 아기를 무릎에 안고 다시 자리에 앉았다.

한동안 카우프만 양은 아무 말 없이 아이의 머리와 몸을 부드럽게 어루만졌다. 그러다 이윽고 조용히 말을 걸기 시작했다. 말을 배운 앞선 아이와 달리 이번에는 문장다운 문장을 이어가지 않았다. 대신 생각이 무의식적으로 흘러나오는 듯한 낮은 속삭임으로 아이에게 말을 건넸다. 그 말들은 식욕, 소화, 영양 흡수 같은 신체적 기능과 바람직한 성격이나 태도 같은 전반적인 주제를 담고 있었다. 어루만짐은 10분가량 이어졌고, 말은 간간이 섞여 나왔다. 그러고 나서 카우프만 양은 아이를 어머니에게 돌려보내고, 다음으로 고통받는 아이에게로 시선을 옮겼다.

말을 아직 못하는 아이들의 경우, 카우프만은 어루만짐만으로 치료를 진행하기도 한다. 그녀는 그 부드러운 접촉만으로도 건강한 생각이 아이의 마음에 충분히 전달되어, 회복 쪽으로 균형이 기울 수 있다고 믿는다.

사실 모든 어머니는 아이가 말을 알아듣기 훨씬 전부터 끊임없이 말을 건넨다. 어머니 같은 마음을 지닌 그녀 역시 그 권리를 당연히 누린다. 그녀는 어떤 고정된 방식에도 얽매이지 않는다. 아이가 말을 이해하지 못하더라도, 필요하다고 느끼면 조용히 말을 건넨다.

어쩌면 이것이 카우프만의 성공 비결일지도 모른다. 그녀의 방법은 그녀가 다루는 어린아이들의 마음처럼 유연하고 탄력적이다. 쿠에가 다루는 대상인 성인의 마음은 그보다 훨씬 고정적이어서, 보다 명확하고 일정한 방식이 요구되며 변화의 여지도 적다.

반면 카우프만의 목표는 아이의 내면을 건강과 기쁨의 창조적 사고로 채우고, 그 바깥을 역시 그런 분위기로 감싸는

데 있다. 이를 위해 그녀는 자신이 쓸 수 있는 모든 수단을 동원한다. 아이가 말을 할 수 있을 정도의 나이가 되면, 아침과 저녁으로 다음과 같은 일반 공식을 외우게 한다.

"나는 날마다, 모든 면에서, 점점 더 좋아지고 있다."

아이가 침대에 누워 있어야 하는 상태라면, 언제든 이 말을 반복하도록 격려하고, 치료 시간에 들었던 것과 비슷한 건강에 관한 자기암시를 스스로 해보게 한다.

이것을 어떻게 해야 하는지에 대해서는 별다른 지침이 주어지지 않는다. 지나치게 복잡한 설명은 오히려 방해만 될 뿐이다. 아이들은 본래 상상력, 즉 '흉내 내고 꾸며 보는 능력'이 풍부하고 활발하기 때문에, 자기암시를 할 때도 본능적으로 그 능력을 활용한다. 게다가 카우프만의 말투와 태도를 무의식적으로 따라 하기도 한다.

하지만 아이의 세계에서 중심은 언제나 어머니다. 어머니의 영향을 활용하지 않는 어떤 방식도 가장 강력한 조력자를 놓치는 셈이다. 그래서 어머니는 낮 동안 아이 앞에서 늘 밝고 자신감 있는 모습을 보이도록 해야 한다.

병에 대해서도 오직 희망적인 말로만 언급하도록 하여, 아이의 마음속에 회복에 대한 기대를 계속 심어주게 한다. 그리고 아이 주변에서 우울한 분위기나 부정적인 영향을 최대한 멀리하도록 한다.

밤이 되면 어머니는 아이를 깨우지 않은 채 조용히 잠든 아이의 방에 들어가, 아이의 귀에 긍정적인 말을 속삭여야 한다. 이렇게 카우프만은 하나의 목표, 즉 회복을 위해 다양한 방법을 집중적으로 활용한다.

그녀가 성공할 수 있었던 데에는 아이의 마음이 매우 수용적이라는 점, 그리고 성인처럼 무의식 속에 자리 잡은 부정적인 암시들을 먼저 없애야 할 필요가 없다는 점이 큰 도움이 된다. 이런 이유로 가장 뚜렷한 효과를 기대할 수 있는 대상은 바로 아이들이다.

이제부터 카우프만이 실제로 어떤 결과를 얻고 있는지를 보여주기 위해, 내가 직접 조사한 세 가지 사례를 소개하겠다.

한 소녀가 시력을 사용할 수 없는 상태로 태어났다. 시각

기관은 온전했지만 눈꺼풀을 들어 올릴 수 없었기에 사실상 일곱 살이 될 때까지 앞을 보지 못했다. 그러다 어머니가 그 아이를 카우프만 양에게 데려왔다.

2주간의 치료 후 아이는 깜박이기 시작했고, 그 동작은 점차 잦아졌다. 치료를 시작한 지 한 달 뒤에는 혼자 거리를 다닐 만큼 시력이 좋아졌다. 내가 보았을 때 그녀는 이미 색을 구별할 수 있었고 이는 나의 실험으로도 확인되었다. 실제로 공놀이까지 하고 있었다. 카우프만 양이 제공한 이러한 세부 사항은 어머니에 의해서도 확인되었다.

한 아이가 태어났는데, 아버지는 결핵 환자로, 아이가 태어나기 전 임신 중에 이미 세상을 떠난 상태였다. 다섯 형제자매 중 어느 누구도 한 살을 넘기지 못했고, 아이를 진료한 의사들 역시 생존 가능성이 없다고 보았다.

그러나 그 아이는 두 살까지 살아남았고, 그때는 이미 다리를 제대로 쓰지 못하고 거의 앞도 보지 못했으며, 내장에도 문제가 있는 상태였다. 그때 어머니는 아이를 카우프만 양에게 데려왔다.

내가 그 아이를 보았을 때는 3개월이 지난 시점이었는데, 문제로 남은 것은 약간의 사시와 한쪽 무릎 관절의 뻣뻣함뿐이었고, 이 증상들마저 빠르게 사라지고 있었다.

또 다른 아이는 아홉 살가량으로, 역시 결핵을 앓았던 부모에게서 태어났다. 이 아이는 두 다리의 길이가 달라 한쪽 다리가 다른 쪽보다 약 4센티미터 짧았다. 그러나 몇 달간 치료를 받은 뒤, 그 차이가 거의 없어졌다.

이 아이는 또 허리 아래에 결핵성 병변으로 생긴 상처가 있었는데, 몇 주 만에 아물기 시작했고, 내가 아이를 보았을 때는 완전히 사라진 상태였다.

위에 소개한 모든 사례에서 공통적으로 나타난 것은 전반적인 건강 상태의 뚜렷한 호전이었다. 아이들은 체중이 늘었고, 가난한 집에서 힘든 회복기를 보내는 상황 속에서도 밝고 명랑한 모습을 보였다. 성격과 태도 역시 자기암시에서 제시된 바와 같은 모습으로 뚜렷하게 나타났다.

카우프만의 암시는 개별적으로 이루어졌기 때문에, 어머니들은 원할 때 언제든 클리닉에 들어오고 나갈 수 있었다. 그녀는 매주 정해진 요일에 클리닉에 있었지만, 그것이 그녀 활동의 전부는 아니었다.

여가 시간의 대부분을 그녀는 어린이들의 집을 직접 방문하는 데 썼다. 이 자비로운 사명을 위해 가장 어둡고 누추한 주택과 가장 가난한 빈민가까지도 마다하지 않고 찾아갔다. 나는 그녀의 이런 방문에 몇 차례 동행할 수 있었는데, 어디에서나 그녀는 환영받았을 뿐만 아니라 경외에 가까운 존경으로 맞이되었다.

그녀는 쿠에 자신만큼이나 기적을 행하는 사람으로 여겨졌다. 그러나 쿠에와 카우프만 양의 명성은 자기암시를 넘어선, 그들의 깊은 선량함이라는 더 넓은 토대 위에 세워져 있었다.

그들은 자신의 사적인 재산뿐 아니라 전 생애를 타인을 위한 봉사에 바쳤다. 그들이 행하는 치료에 대해 단 한 푼도 받지 않았고, 내가 아는 한 쿠에는 아무리 곤란한 시간에 요청받더라도 치료를 거절한 적이 없었다. 이제 이 학교의 명성은 프랑스뿐 아니라 유럽과 아메리카 전역에까지 퍼졌다. 쿠에의 활동은 너무나 방대해져서 하루 열다섯에서 열여섯 시간까지 그의 시간을 빼앗고 있다.

그는 이제 일흔에 가까워졌지만, 자신의 방법이 주는 건강한 힘 덕분에 피로의 기색 하나 없이, 그리고 특유의 쾌활함을 흐리게 할 불평의 그림자조차 없이 업무를 소화해내고 있다. 사실 그는 유도된 자기암시의 효능을 보여주는 살아 있는 기념비라 할 수 있다.

유도된 자기암시는, 마음이 스스로에게 직접 작용하고 또한 몸에도 작용하여 우리가 바라는 변화를 이끌어낼 수 있게 해주는 방법이라는 점이 분명해질 것이다.

앞서 살펴본 사례들만으로도 그 효과와 성공 가능성은 충분히 입증되었으리라 본다. 그런데 여기서 가장 현실적인 질문 하나가 떠오른다. 특히 일반인의 관점에서 가장 시급한 의문은 이것이다.

과연 '암시를 주는 사람'이 꼭 필요한가? 반드시 누군가의 영향을 받아야만 효과가 있는가? 아니면 자기 방 안에서 혼자서도 이 강력한 건강의 도구를 똑같이 잘 활용할 수 있는가?

쿠에 자신의 견해는 이미 인용한 바 있다. 유도 자기암시는 다른 사람의 개입에 의존하지 않는다. 우리는 다른 사람이 우리가 무엇을 하는지조차 모르는 상태에서도, 하루에 단 몇 분만 투자하여 스스로 이를 실천할 수 있다.

다음은 자기암시를 스스로 실천해 본 사람들이 직접 보낸 편지에서 발췌한 몇 가지 인용문이다.

"오랫동안 오른쪽 어깨의 류머티즘 때문에 오른쪽으로 누워 잘 수 없었고, 오른팔의 사용에도 심각한 지장이 점점 더 커지고 있었습니다. 한 안마사는 관절에 육아 조직이 생기고 손상이 있어 영구적인 개선은 불가능하다고 말했습니다. 그런데 이틀 전 문득, 이 어깨가 더 이상 나를 괴롭히지 않고 있으며, 통증 없이 그쪽으로 누워 자고 있다는 사실을 깨달았습니다. 지금은 이 어깨에서 류머티즘의 감각이 완전히 사라졌고, 오른팔도 전혀 통증이나 불편 없이 다른 쪽만큼이나 뒤로 젖힐 수 있습니다. 나는 쿠에 방법을 실천한 것 외에는 이 결과를 가져올 만한 어떤 치료나 행동도 하지 않았습니다."

L. S. (시드머스, 데번)

1922년 1월 1일.

"내 권유로 10년 동안 앓아온 한 여성 친구가 자기암시의 실천(La Ma trise de soi-m me)을 읽었습니다. 나는 할 수 있는 한 그녀를 격려했고, 한 달 만에 그녀는 완전히 달라졌습니다. 긴 여행을 마치고 돌아온 그녀의 남편은 눈을 믿을 수 없었습니다. 정오가 되어야 겨우 일어나고, 벽난로 곁을 떠나지 않으며, 의사들조차 포기했던 그 여성이 이제는 가장 추운 날에도 아침 10시에 외출을 합니다. 다른 친구들도 당신의 소책자를 읽고 싶어 안달하고 있습니다."

L. C. (파리)

1921년 12월 17일.

"나는 선생님의 방법에 큰 관심을 갖게 되었고, 강의를 들은 뒤로 매일 아침저녁으로 그 짧은 문구를 반복하고 있습니다. 예전에는 매일 밤 알약을 먹어야 했지만, 이제 변비가 완전히 나아 더는 알약이 필요하지 않습니다. 아내 역시 모든 면에서 훨씬 좋아졌습니다. 우리 부부는 모두 스무 개 매듭이 있는 끈*을 가지고 있습니다."

H. (런던의 한 의사)

1922년 1월 7일.

*쿠에가 환자들에게 권했던 자기암시 실천 도구. 쿠에는 매일 아침저녁으로 "나는 날마다 모든 면에서 점점 더 좋아지고 있다"라는 짧은 문구를 20번 반복하도록 가르쳤는데, 이때 몇 번 반복했는지 쉽게 세기 위해 매듭이 20개 있는 끈을 사용하게 했다.

"선생님의 방법은 날이 갈수록 나에게 더 큰 도움이 되고 있습니다. 지금 내가 느끼는 이 행복에 어떻게 감사드려야 할지 모르겠습니다. 나는 그 짧은 문구를 반복하는 일을 결코 멈추지 않을 것입니다."

E. B. 귀에뱅 (벨기에)

1921년 11월 23일.

"나는 몇 달 동안 선생님의 원칙을 따르며, 세 명의 의사조차 절망했던 끔찍한 신경쇠약 상태에서 벗어날 수 있었습니다."

G. (앙굴렘)

1922년 1월 23일.

"내 친구 C 양은 짧은 시간 안에 류머티즘으로 아팠던 어깨와 무릎을 완전히 치료했고, 그다음에는 시력 개선에 주의를 기울이기 시작했습니다. 그녀는 30년 동안 안경을 착용해 왔고, 왼쪽 눈은 오른쪽보다 훨씬 근시가 심했습니다. 시작할 당시 그녀는 안경 없이 왼쪽 눈으로 책을 얼굴에 거의 붙여야만 읽을 수 있었습니다. 그런데 6주 만에 왼쪽 눈으로 이전에 오른쪽 눈으로 보던 거리까지 볼 수 있게 되었고, 그동안 오른쪽 눈도 똑같이 호전되었습니다. 그녀는 매주 거리를 측정했는데, 며칠 전 나를 찾아왔을 때는 왼쪽 눈은 3일 만에 4센티미터, 오른쪽 눈은 6센티미터나 더 볼 수 있게 되었다고 말했습니다. 이 모든 것을 그녀는 혼자서 해낸 것이었습니다."

G. (런던)

1922년 1월 5일.

Day by day,
in Everyway,
I am getting better
and better.

점점 나는 날마다,
모든 면에서,
점점 더 좋아지고 있다.

Day by day,
in Everyway,
I am getting better
and better.

나는 날마다,
모든 면에서,
점점 더 좋아지고 있다.

Day by day,
in Everyway,
I am getting better
and better.

나는 날마다,
모든 면에서,
점점 더 좋아지고 있다

자기암시의 본질
THE NATURE OF AUTOSUGGESTION

II

자기암시의 본질
THE NATURE OF AUTOSUGGESTION

제4장

생각은 힘이 세다

자기암시는 크리스천 사이언스와 같은 유사 종교가 아니다. 자기암시는 심리학의 발견에 기초한 과학적 방법이다. 전통적인 심리학은 일반인들에게 어느 정도는 그럴 만한 이유도 있었지만 지루하고 쓸모없는 의식적 능력들의 분류 작업 정도로 여겨졌다.

그러나 지난 25년 동안 심리학은 커다란 변화를 겪어왔다. 심리학 내에서 일어난 이 혁명은, 우리가 살아가는 삶의 전반적인 영역에도 그에 못지않은 깊은 변화를 불러올 것으로 보인다. 기존의 심리학이 의식에 집중했던 것과 달리, 이제 그 관심은 무의식(혹은 잠재의식)으로 옮겨졌다. 즉, 우리의 인식 바깥에서 이루어지는 방대한 정신 활동의 영역으로 시선이 확장된 것이다.

이 전환은 생명의 뿌리까지 손을 뻗는 일이며, '생명력'이 개인의 존재와 맞닿는 그 깊은 지점까지 더듬어 내려가는 탐구이다. 이 변화가 앞으로 어떤 결과를 가져올지는 아직 명확히 알 수 없다.

그러나 과거 아메리카 대륙의 발견이 구세계의 중심을 대서양 너머로 이동시켰듯, 무의식의 발견과 탐구 역시 인간 삶의 균형 자체를 옮겨놓게 될지도 모른다. 물론 여기에서 이처럼 복잡한 주제를 깊이 논의하기에는 적절하지 않다. 무의식에 대한 탐구는 그 자체로 하나의 독립된 과학 분야이며, 여러 학파들이 서로 다른 이론과 날마다 바뀌는 해석 속에서 객관적인 사실의 토대를 찾아내려 노력하고 있다.

그럼에도 불구하고, 실험적으로 입증되어 주요 학자들 사이에서 공통적으로 받아들여지는 사실들이 있으며, 자기암시를 공부하는 우리에게 직접적으로 관련 있는 몇 가지 핵심 내용을 여기에서 소개하려고 한다.

무의식은 기억의 창고이며, 기억에는 아주 어릴 때부터 삶의 마지막 순간까지 우리가 받아들이는 모든 인상이 상세하고 정확하게 기록된다. 하지만 이런 기억들은 축음기의 에보나이트 레코드에 새겨진 표시처럼 둔하게 정지되어 있지는 않다. 대단히 활동적이며 각각의 기억은 우리의 개성이라는 특질 속에서 맥락을 형성하고 있다. 이러한 모든 인상들의 집합이 그 사람 자체이며, 에고ego이며, 그 형태를 통해 일반적인 삶이 개별적으로 구분된다. 겉모습은 단지 가면일 뿐이다. 진정한 자아는 그 무의식의 장막 뒤에 머물고 있다.

　무의식은 또한 발전소이기도 하다. 무의식은 감각의 지배를 받고 있으며 감각은 우리들의 삶을 추진하는 힘이다. 무의식은 의식적인 생각과 행위에 에너지를 제공하며, 신체의 지극히 중요한 과정들을 실행하는데 에너지를 제공한다.

　무의식은 우리의 신체 작용 전반을 감독하는 역할도 수행한다. 소화, 영양 흡수, 혈액 순환, 폐와 신장, 그 밖의 모든 주요 장기의 작용은 무의식의 통제 아래 이루어진다.

　인간의 몸은 한 번 태엽만 감으면 저절로 작동하는 기계장치가 아니다. '정신'이 그 복잡한 과정들을 끊임없이 관리한다. 다만 이 일을 맡는 것은 지성이 아니라 무의식이다.

　인간의 지성은 여전히 인체의 신비 앞에서 넋을 잃은 채 멈춰 서 있다. 파스칼Pascal이 그랬듯이, 분석의 심연 속에서 길을 잃고, 발견은 또 다른 수수께끼만을 드러낼 뿐이다. 하지만 무의식은 이러한 몸의 작용들을 하나하나 세세하게 꿰고 있는 듯 보인다.

　무의식은 절대로 잠들지 않는다는 것을 덧붙여야 할 것이다. 의식이 잠들어 있는 동안 무의식은 우리들이 깨어 있는 시간 동안보다 더욱 부단히 경계하고 있는 것으로 보인다.

이와 비교해 보면, 의식적인 정신의 능력은 거의 보잘것없게 느껴질 정도다. 의식은 진화 과정에서 무의식으로부터 파생된 것으로, 무의식의 거칠고 원초적인 에너지가 바깥세상을 향한 행동으로 선택되고 조정되는 대기실과 같은 공간이다.

우리는 그동안 의식적 지성의 중요성을 지나치게 과대평가해왔다. 문명의 모든 발견을 의식의 공으로 돌리는 것은, 도구와 주체를 혼동하는 것이며, '본다'는 능력을 망원경에 부여하고 실제로 보는 눈은 잊는 것과 같다.

물론 의식의 가치를 과소평가해서는 안 된다. 의식은 이성과 사회적 본능, 도덕 개념이 자리한 매우 유용한 기계다. 하지만 어디까지나 '기계'일 뿐, 그 기계를 움직이는 동력도, 그 기계를 다루는 주체도 아니다. 재료도, 에너지도 의식이 만들어내는 것이 아니다. 그것들은 모두 무의식에서 비롯된다.

이 두 층위, 즉 의식과 무의식은 끊임없이 상호작용한다. 모든 의식적인 활동은 무의식에서 먼저 시작되며, 반대로 우리가 의식적으로 떠올린 생각도 다시 무의식의 층위로 내려가, 우리 존재의 일부가 된다.

그렇게 흡수된 생각은 무의식의 에너지를 얻어, 우리의 정신적·신체적 상태를 조절하고 결정하는 데 영향을 미친다.

그 생각이 건강한 것이면 우리는 그만큼 나아지고, 병든 생각이면 그만큼 나빠진다. 바로 이렇게 하나의 생각이 우리 삶의 한 요소로 변하는 것을 우리는 '자기암시'라고 부른다.

이 작용은 정신의 자연스러운 기능이기 때문에, 우리의 일상 경험 속에서도 그 증거를 쉽게 찾아볼 수 있다.

우울한 기분으로 거리를 걷다가 명랑하고 쾌활한 친구를 마주친다고 해보자. 그저 그의 환한 미소를 보는 것만으로도 활력이 도는 느낌을 받고, 몇 분간 대화를 나누고 나면 우울했던 기분은 사라지고 대신 밝은 기운과 자신감이 생긴다.

이 변화는 무엇에 의해 일어난 것일까? 다름 아닌 당신 자신의 마음속에 떠오른 '생각' 때문이다. 그의 얼굴을 바라보고, 다정한 목소리를 듣고, 미소 짓는 표정을 살피는 동안, 당신의 의식은 '명랑함'이라는 생각으로 채워졌다.

그리고 이 생각이 무의식으로 전달되면서 실제 상태로 바뀌었고, 논리적인 이유가 전혀 없음에도 불구하고 당신은 어느새 기분이 좋아져 있다.

특히 젊은 사람이라면, 귀신이나 공포스러운 이야기를 듣거나 읽은 뒤 생기는 영향을 경험해보지 않은 사람이 드물 것이다.

이를테면 어느 날 밤, 친구 집에 모여 귀신이나 유령에 관한 무서운 이야기들을 듣고 나서 늦은 시간에 집으로 돌아간다고 해보자. 그 이야기들로 인해 마음속에 그려진 공포의 이미지가 무의식에 깊이 새겨졌고, 당신은 어둠 속을 조심조심 걸으며, 묘지 앞을 잰걸음으로 지나고, 집의 불빛이 보일 때 비로소 안도감을 느낀다.

그 길은 평소에도 수없이 지나던 친숙한 길이지만, 평소의 밝고 익숙한 인상은 사라지고, 일상의 사물조차 마음속 상태에 물들어 낯설고 으스스하게 느껴진다.

자기암시는 전봇대를 유령으로 바꿀 수는 없지만, 감수성이 예민한 사람이라면 감각 자체를 왜곡시켜 평범한 소리를 기이하게 들리게 만들고, 일상적인 사물을 공포의 형상처럼 보이게 만들 수 있다.

위의 두 가지 예에서처럼, 정신 속에 즐거움이나 두려움이라는 특정한 심리 상태에 대한 생각이 떠올랐을 때, 그 생각이 무의식에 도달하면 그것은 곧 현실이 된다. 다시 말해, 실제로 기분이 밝아지거나 두려움을 느끼게 되는 것이다.

이와 같은 과정은, 그 결과가 정신 상태가 아니라 신체적 상태로 나타나는 경우에 훨씬 더 쉽게 알아차릴 수 있다.

자신이나 지인이 앓고 있는 병에 대해 지나치게 자세하게 설명하는 사람들을 종종 만나게 된다. 예민한 사람은 사회적 예의상 그런 고통스러운 이야기를 끝까지 들어야만 한다.

세세한 묘사가 이어질수록 듣는 사람은 점점 오싹하고 불쾌한 느낌에 휩싸인다. 얼굴이 창백해지고, 식은땀이 나며, 명치 끝에 불편한 감각이 밀려온다. 심한 경우 특히 듣는 사람이 어린아이일 경우 실제로 구토하거나 실신하는 일도 생긴다.

이와 같은 반응은 분명 신체적인 것이다. 즉, 몸 안의 생리적 과정이 실제로 영향을 받았다는 뜻이다.

그런데 이 반응의 원인은 단 하나, '질병'이라는 생각이다. 그것이 강하게 마음에 각인되었고, 그 생각이 무의식에 전달되어 현실로 나타난 것이다. 이러한 효과는 때로 놀라울 만큼 정확하게 나타나, 자신이 듣게 된 질병의 실제 증상을 그대로 따라 하기도 한다. 의대생들이 특정 질병을 집중적으로 공부할 때, 그 병의 대표적인 증상을 자신도 모르게 겪는 일이 종종 일어난다.

누구나 한 번쯤은 '무대 공포증'이라는 경험을 들어보았을 것이다. 그 당사자는 정신적으로나 육체적으로 아무 이상 없는 평범한 사람일 수 있다. 사적인 자리에서는 목소리도 좋고, 아이디어도 풍부하며, 말솜씨도 뛰어날 수 있다. 자신이 전하고자 하는 내용을 청중이 호의적으로 받아들일 것이라는 확신도 있다.

하지만 막상 연단에 올라서는 순간, 무릎이 떨리고 심장이 두근거리기 시작한다. 머릿속은 하얘지거나 뒤죽박죽이 되고, 혀와 입술은 말을 제대로 잇지 못한다. 결국 몇 마디 더듬은 끝에 어쩔 수 없이 우스꽝스럽게 물러나게 된다.

이 당황스러운 경험의 원인은, 그가 무대에 서기 전에 품고 있었던 생각 속에 있다. 그는 자신이 실수를 하거나 우스꽝스럽게 보일까 두려워했고, 불편할 것이라 예상했으며, 연설 내용을 잊거나 말을 제대로 하지 못할까 봐 걱정했다. 이 부정적인 생각들이 무의식에 스며들었고, 결국 그가 두려워했던 일이 그대로 현실이 된 것이다.

도시에 살고 있다면, 무심코 길을 건너다 차량에 치일 뻔한 사람을 본 적이 있을 것이다. 그런 위기 상황에서 사람들은 종종 말 그대로 '그 자리에 얼어붙은 듯' 한동안 움직이지

못한 채 서 있게 된다. 이는 위험이 너무 가까이 느껴져서, 본
능적으로 피할 수 없다고 생각해 버리기 때문이다.

하지만 그런 생각이 '피해야 한다'는 생각으로 바뀌는 순
간, 그는 재빨리 몸을 피한다. 그러나 처음의 무기력한 생각
이 계속되었다면, 실제로도 몸이 계속 움직이지 못했을 것이
고, 차가 멈추거나 방향을 틀지 않는 한 사고는 피할 수 없었
을 것이다.

간혹 무도병(舞蹈病 St. Vitus' Dance)라 불리는 신경성 질환을
앓는 사람들을 볼 수 있다. 이들은 얼굴을 일그러뜨리거나,
목을 비틀거나, 어깨를 경련하듯 움찔거리는 불안한 습관을
보인다. 그런데 이들과 가까이 지내는 사람들이나, 같은 집에
살거나 같은 사무실에서 일하는 사람들 역시 무의식중에 똑
같은 습관을 따라 하게 되는 일이 흔히 발생한다. 본인도 인
식하지 못한 채 그런 움직임을 따라 하는 것이다.

이는 앞서 설명한 것과 같은 원리에 따른 것이다. 특정한
행동의 이미지가 반복해서 정신에 입력되면, 그것이 현실로
나타나 결국 자기 몸에서도 유사한 동작이 자연스럽게 실행
되기 시작하는 것이다.

이 법칙의 예는 일상 어디에서나 쉽게 찾아볼 수 있다. 왜 피를 보기만 해도 기절하는 사람들이 있는지, 또는 대부분의 사람들이 높은 곳에서 아래를 내려다볼 때 왜 어지러움을 느끼는지 스스로에게 물어본 적이 있는가?

신경증을 앓는 사람들을 보면, 말을 하지 못하거나 시력을 잃은 경우도 있고, 쿠에의 진료소에서 보았던 대장장이처럼 팔다리를 쓰지 못하게 된 사람도 있다. 또는 주요 장기 중 하나의 기능에 이상이 생긴 경우도 있다.

그런데 이들 각각의 증상을 일으킨 원인은 눈에 보이거나 만질 수 있는 어떤 것이 아니라, 단지 무의식 속에서 현실이 되어버린 '하나의 생각'에 불과하다.

이런 사례들은 우리가 마음속으로 품은 생각이 실제로 무의식 속에서 현실이 된다는 점을 분명히 보여준다. 하지만 이 현상이 모든 사람에게 적용되는 보편적인 법칙일까, 아니면 우연히 발생하는 일시적인 현상일 뿐일까?

때로는 이유 없는 명랑함이 오히려 우울함을 더 깊게 만드는 듯 보이기도 하고, 어떤 사람들은 희극 공연을 보면서도 웃기는커녕 오히려 짜증을 낸다.

또 의사들은 환자들의 병에 대한 자세한 설명을 들으면서도 전혀 동요하지 않는다. 이런 사실들은 언뜻 보면 앞서 말한 원칙과 모순되는 것처럼 보인다. 그러나 이런 예들은 단지 겉으로만 예외일 뿐, 오히려 그 원칙이 실제로 작동하고 있음을 시험하고 입증하는 역할을 한다.

신체적이든 정신적이든, 나타나는 효과는 언제나 정신 속에 자리한 생각과 일치한다. 하지만 그 생각이 반드시 외부로부터 전달된 내용과 동일할 필요는 없다. 때로는 그 사이에 판단이 개입하기도 하고, 전달된 생각이 더 강한 생명력을 지닌 연상작용을 불러일으켜 원래의 생각을 밀어내는 경우도 있다.

예를 들어, 우울한 사람이 명랑한 지인을 만났을 때, 그를 따라 기분이 좋아지는 대신 오히려 자기 자신과 상대를 비교하면서, 상대의 행운에 비해 자신의 불행을 떠올리고, 상대의 만족스러운 삶에 비해 자신의 괴로움을 곱씹게 되는 경우가 그렇다.

이처럼 우울한 사람은 자신의 불행을 더욱 또렷하게 인식하게 되고, 그 생각이 무의식에 스며들면서 이전보다 더 깊은 절망에 빠지게 된다.

반면 의사는 환자의 증상을 들을 때, 그 고통스러운 내용에 자신의 의식을 오래 머물게 두지 않는다. 그의 생각은 즉시 치료 방법으로 넘어가고, 어떤 도움을 줘야 할지에 대한 생각으로 전환된다.

그는 이성적인 행동으로 도움을 주는 것뿐 아니라, 무의식 속에서도 그러한 생각이 구체적으로 실현되어, 그의 태도와 말투에서도 자연스레 그 도움의 의지가 드러난다. 혹은 의사의 생각이 순전히 의학적 분석에 집중되어 있을 수도 있다.

그런 경우 환자는 의사의 눈에 하나의 연구 대상처럼 보이게 되고, 의사는 자신도 모르게 그렇게 환자를 대하게 된다. 교회 첨탑을 오르는 고공 기술자가 어지럼증이나 두려움을 느끼지 않는 것도 같은 원리다. 그는 위험에 대한 생각이 떠오르기 무섭게, 자기 스스로의 침착함과 단단한 발놀림에 대한 확신으로 그 생각을 대체해 버린다.

이제 우리는 자기암시를 통한 치유에서 매우 실질적인 의미를 지닌 핵심에 이르게 된다. 그것은 바로, '어떠한 생각도 정신이 받아들이지 않는 한 현실로 실현될 수는 없다'는 점이다. 이 분야에서 지금껏 저질러진 대부분의 실수는 이 근본적인 사실을 무시한 데에서 비롯되었다. 예를 들어, 어떤 환자가 극심한 치통에 시달리고 있는데, 그에게 '당신에겐 아무런 통증도 없습니다'라고 말하는 것은 아무런 효과가 없다. 그런 말은 실제 느끼는 고통과 너무도 동떨어져 있기 때문에 마음속에서 받아들일 수가 없다.

환자는 그 암시를 즉각 거부하고, 오히려 자신의 고통이 실재한다고 더욱 강하게 확신하게 되며, 그렇게 고통에 대한 의식을 집중시키는 과정에서 오히려 통증이 더 심해질 가능성마저 생긴다.

이제 우리는 자기암시의 기본 법칙을 다음과 같이 정식화할 수 있다.

'의식 속에 들어온 모든 생각은, 무의식이 그것을 받아들일 경우 현실로 바뀌며, 그때부터 우리 삶의 영구적인 일부가 된다.'

이 과정을 우리는 '자발적 자기암시'라고 부른다. 이는 인간의 정신이 예나 지금이나 언제나 작동해온 방식이며, 지금 이 순간에도 우리 모두의 정신이 날마다 따르고 있는 법칙이다.

앞서 살펴본 사례들, 그리고 독자가 일상에서 끊임없이 마주치게 될 또 다른 예들을 통해 알 수 있듯, 우리가 마음속으로 품는 생각은 단지 정신 상태나 감정, 정서뿐 아니라 신체의 미묘한 작용과 균형에도 영향을 미친다.

신경증에서 나타나는 병리적 상태는 말할 것도 없고 떨림, 심계항진, 말더듬, 얼굴 붉힘 등과 같은 현상들은 모두 혈류의 변화, 근육의 반응, 주요 장기의 작용 변화 등에서 비롯된다. 이런 변화는 우리가 의식적으로 조절하는 것도, 자발적으로 유도하는 것도 아니다. 무의식이 그것을 결정하며, 때로는 전혀 예상하지 못한 순간에 우리를 놀라게 하며 나타난다.

분명한 것은, 만약 우리가 의식을 건강, 기쁨, 선함, 유능함 같은 생각으로 채우고, 그것들이 무의식에 받아들여지도록 할 수 있다면, 그 생각들 또한 현실이 되어 우리를 한층 더 나은 존재의 차원으로 끌어올릴 수 있다는 점이다.

지금까지 이러한 기대가 자주 좌절되어 온 이유는, 바로 무의식이 그것을 받아들이게 만드는 것, 즉 '수용'의 문제에 있었다. 이 핵심적인 주제는 다음 장에서 다루게 될 것이다.

요약하자면, 자기암시의 전체 과정은 두 단계로 이루어진다.

첫 번째 단계는 어떤 생각이 무의식에 받아들여지는 것이며, 두 번째 단계는 그 생각이 현실로 바뀌는 것이다.

이 두 작용은 모두 무의식에 의해 이루어진다. 그 생각이 본인의 마음속에서 비롯되었든, 아니면 다른 사람을 통해 외부에서 주어진 것이든, 그것은 중요하지 않다.

두 가지 경우 모두 똑같은 과정을 거친다. 생각은 무의식에 제출되고, 무의식은 그것을 받아들이거나 거부한다. 받아들여진 생각은 현실이 되고, 거부된 생각은 무시된다. 이런 관점에서 보면, 자기암시와 타인에 의한 암시 사이의 구분은 임의적이고 피상적인 것에 불과하다. 본질적으로 모든 암시는 자기암시다.

우리가 구분해야 할 것은 단 하나, 의지나 선택과는 무관하게 저절로 일어나는 '자발적 자기암시'와, 실현하고자 하는 생각을 의식적으로 선택해 무의식에 의도적으로 전달하는 '유도된 자기암시'뿐이다.

제5장

생각과 의지

THOUGHT AND THE WILL

무의식이 어떤 생각을 받아들이기만 하면, 그것은 자동적으로 현실로 이어진다. '유도된 자기암시'를 실천하는 데 있어 우리가 직면하는 유일한 어려움은 바로 이 수용을 어떻게 확실히 이루어내느냐는 점이다. 그리고 이 문제를 에밀 쿠에 이전까지의 어떤 방법도 만족스럽게 해결하지는 못했다.

우리 정신 속에 들어오는 모든 생각은 많든 적든 감정을 동반한다. 그 감정은, 무심한 생각일 경우에는 거의 느껴지지 않을 수도 있지만, 개인적인 이해관계가 깊이 얽힌 생각일 경우에는 매우 강렬하게 나타난다.

유도된 자기암시의 주제로 삼게 되는 생각들은 대개 후자에 속한다. 건강, 활력, 성공, 혹은 그에 못지않게 소중한 목표들에 관한 것이기 때문이다. 어떤 생각에 실리는 감정의 강도가 클수록, 거기서 생기는 자기암시의 힘도 강해진다. 가령 극심한 공포의 한순간이 평생 지속되는 영향을 남기기도 한다. 이 감정 요소는 자기암시가 무의식에 받아들여지는 데에도 중요한 역할을 한다.

무의식이 어떤 생각을 받아들이거나 거부하는지는, 그 생각과 연결된 연상 작용에 달려 있는 것으로 보인다. 어떤 생각이 비슷한 성질의 감정을 지닌 유사한 생각들을 불러일으키면, 그 생각은 무의식에 받아들여진다.

반대로, 그 생각이 상반된 성격의 생각들과 연결될 경우 즉, 정반대의 감정을 불러일으킬 경우, 그 생각은 거부된다. 이 경우, 마치 산이 알칼리와 만나 중화되듯이 원래의 생각은 그와 반대되는 연상에 의해 중화된다. 이 점을 좀 더 명확히 하기 위해 한 가지 예를 들어보겠다.

당신이 거친 바다를 건너는 배에 타고 있다고 해보자. 갑판에서 한 선원에게 다가가 동정 어린 목소리로 이렇게 말한다.

"이봐요, 얼굴이 많이 안 좋아 보이는데요. 곧 뱃멀미하시는 거 아닌가요?"

그러면 그는 성격에 따라 당신의 '농담'에 웃어넘기거나, 약간 화를 내며 불쾌감을 표현할지도 모른다. 하지만 그 말 때문에 실제로 뱃멀미를 하지는 않는다. 그의 머릿속에서 뱃멀미는 자신이 멀쩡하게 견뎌왔던 경험과 연결되어 있어, 공포가 아니라 오히려 자신감을 불러일으키기 때문이다.

이제 좀 더 비인도적인 실험을 이어가 보자.

이번에는 겁이 많아 보이는 승객에게 다가가 이렇게 말한다.

"아이고, 많이 안 좋아 보이시네요. 분명 곧 뱃멀미를 하실 것 같군요. 제가 아래로 모셔다드릴까요?"

그는 얼굴이 창백해진다. '뱃멀미'라는 말이 그의 두려움과 불길한 예감과 맞물린 것이다. 그는 당신의 도움을 받아 침실로 내려가고, 그 해로운 자기암시는 실제로 이루어진다.

첫 번째 경우에는, 그 생각이 정반대의 연상에 압도되어 거부되었다. 두 번째 경우에는, 그 생각이 내면의 유사한 생각들로 강화되어 무의식이 그것을 받아들였기 때문에 현실로 나타난 것이다.

하지만 병에 대한 생각으로 가득한 불편한 정신에 건강에 대한 생각을 주입하려 한다면 어떻게 될까? 그 생각이 부정적인 연상과 연결되어 중화되어 버리는 일을 어떻게 막을 수 있을까?

우리는 무의식을 마치 밀물과 썰물처럼 오르내리는 조수(潮水)에 비유할 수 있다. 잠들어 있을 때는 그 조수가 의식을 완전히 잠기게 하는 듯 보인다. 반대로 주의와 의지가 활발히 작동하는 완전한 각성 상태에서는 조수가 가장 낮게 빠져 있다.

이 두 극단 사이에는 무수한 중간 단계가 존재한다. 졸리거나 몽상에 잠기거나, 음악이나 그림, 시에 의해 부드러운 상념 속으로 이끌릴 때는 무의식의 조수가 높아진 상태다. 반대로 깨어 있을수록, 또 경계심이 높아질수록 그 수위는 낮아진다.

보두앵은 이 의식의 침잠 현상을 '잠재의식의 표출'이라고 불렀다. 우리의 생각을 의식적으로 조절할 수 있는 범위 안에서 이 표출이 가장 극대화되는 순간은 바로 잠들기 직전과 잠에서 깨어난 직후이다.

잠재의식의 표출이 클수록, 즉 무의식의 층위가 더 드러날수록 그곳에 접근하기 쉬워지고, 우리가 실현하고자 하는 어떤 생각이라도 더 쉽게 심어 넣을 수 있다는 것은 분명하다.

무의식의 조수가 차오르면, 정신의 활동적인 층위가 잠기면서 의식은 물질세계에서 우리의 목표를 수행하는 일을 잠시 내려놓고, 마치 잠수부가 바닷속 낯선 세계를 거니는 것처럼 무의식을 채우고 있는 보다 원초적인 소망과 욕구 사이를 떠돈다.

그러나 이 깊은 층위에서 사고를 지배하는 법칙은 우리가 깨어 있을 때의 의식 상태에서 작동하는 법칙과는 다르다. 이때는 서로 반대되는 생각을 연결하는 연상이 쉽게 일어나지 않는다. 따라서 원하는 생각을 중화시켜 무의식의 수용을 방해하던 잘못된 연상은 더 이상 나타나지 않는다.

우리는 모두 무의식의 조수가 높아진 상태, 즉 '백일몽'이나 '멍하니 생각에 잠길 때' 어떤 일이 일어나는지 알고 있다. 환한 이미지들이 연속적으로 매끄럽게 마음속을 스쳐 지나가고, 처음 떠올린 생각은 끊임없이 이어지며, 그 흐름을 막을 장애물도, 가능성을 따져 묻는 질문도 없다. 현실과의 연결이 끊어지고, 모든 것이 가능해 보이는 세계에 살게 되는 것이다.

이런 백일몽은 매우 강력한 자기암시를 일으키므로 반드시 건전하고 무해한 내용이어야 한다. 중요한 점은, 이런 의식 수준에서는 연상이 유사성에 의해 작동하고 감정이 상대적으로 강렬해진다는 것이다. 이러한 조건은 무의식이 생각을 받아들이기에 매우 유리하다.

밤에 잠자리에 들 때 편안한 자세를 취하고, 근육을 이완하며, 눈을 감으면 우리는 자연스럽게 백일몽과 비슷한 반의식 상태로 들어가게 된다. 이때 원하는 생각을 마음속에 심으면, 그것은 일상의 억제적 연상에서 벗어나 유사한 생각들과 연결되고, 자신과 같은 성질의 감정을 끌어당기게 된다.

이렇게 하면 무의식은 그 생각을 받아들이게 되고, 그것은 필연적으로 자기암시로 전환된다. 이 과정을 반복할 때마다 그 생각은 연상작용의 힘을 더 크게 얻고, 감정적 가치가 점점 커지며, 결과적으로 그 자기암시는 더욱 강력해진다. 이 방법을 통해 우리는 평소라면 상반된 연상 때문에 거부될 만한 생각조차 무의식이 받아들이도록 유도할 수 있다.

병적인 생각으로 가득한 사람도 이렇게 매일 건강에 대한 생각을 심어, 무의식을 치유적인 생각으로 채워 넣을 수 있다. 우리가 사용하는 도구는 바로 '생각'이며, 성공을 위해 필수적인 조건은 의식이 충분히 이완되어 쉬고 있는 상태라는 점이다.

지금까지 자기암시를 활용하려 했던 여러 방법들이 안정적인 결과를 얻지 못한 이유는, '생각'에 의존하지 않고, '의지'를 사용해 무의식이 생각을 강제로 받아들이도록 하려 했기 때문이다.

그러나 이런 시도는 필연적으로 실패할 수밖에 없다. 의지를 사용하는 순간 우리는 스스로를 각성 상태로 깨워버리고, 밀려오던 무의식의 조수를 억누르며, 결국 성공을 가능하게 하는 조건 자체를 무너뜨리게 되기 때문이다.

이 과정이 어떻게 일어나는지 조금 더 자세히 살펴볼 필요가 있다. 병적인 생각으로 가득한 사람이 좋은 암시를 받아들이도록 스스로를 강제로 몰아붙이려 한다고 해보자.

그는 건강에 대한 생각을 떠올리고, 그것을 무의식에 각인시키기 위해 의지를 쥐어짜며 애쓴다. 이 노력은 그를 완전한 각성 상태로 되돌려 놓고, 그 결과 평소처럼 떠오르던 연상 즉 병에 대한 생각이 되살아난다.

결국 그는 자신이 바랐던 것과 정반대의 생각만 곱씹게 된다. 그는 다시 의지를 쥐어짜 건강한 생각을 떠올리려 하지만, 이제는 이전보다 더 깨어 있는 상태가 되어 연상은 더 빠르고 강력하게 작동한다.

병에 대한 생각은 그의 마음을 완전히 장악하고, 의지를 쏟아내는 모든 노력은 그것을 몰아내는 데 실패한다. 오히려 몸부림칠수록 그 나쁜 생각은 그를 더욱 깊이 지배하게 된다.

이것은 쿠에가 꾸준히 성공할 수 있었던 새롭고도 놀라운 발견을 보여준다. 바로, '의지가 어떤 생각과 충돌할 때는 언제나 생각이 이긴다'는 것이다.

이 사실은 유도된 자기암시에만 해당되는 것이 아니라, 일상에서 자연스럽게 일어나는 자발적 암시에도 그대로 적용된다. 몇 가지 예를 들면 더욱 분명해질 것이다.

우리 대부분은 중요한 일이나 어려운 임무를 앞두고, 우연히 듣게 된 낙담하게 만드는 한마디가 마음속에 오래 머물며 자신감을 갉아먹고 실패를 떠올리게 만드는 경험을 알고 있다. 그 생각을 떨쳐내기 위해 온 힘을 다해도 소용이 없다. 오히려 애쓸수록 그 생각은 더 깊이 우리를 사로잡는다.

이와 매우 비슷한 것이 바로 무대 공포증에 시달리는 사람의 심리 상태다. 그는 실패에 대한 생각에 사로잡혀 있으며, 의지를 아무리 발휘해도 그것을 이겨낼 수 없다. 오히려 애쓰고 긴장하는 그 상태 자체가 그의 당혹감을 더욱 완벽하게 만들어버린다.

운동 경기는 이런 법칙이 작용하는 많은 예들을 제공한다.

어느 테니스 선수가 중요한 경기에 출전하게 되었다고 해보자.

그는 당연히 이기고 싶어 하지만, 동시에 질지도 모른다는 두려움을 품고 있다. 경기 날이 오기도 전에 그 두려움은 이미 현실이 되기 시작한다. 신경이 예민해지고, 몸과 마음이 제 상태가 아니다. 사실 무의식은 그의 정신 속에 자리한 생각 즉, '실패'를 실현하기 위해 가장 알맞은 조건을 만들어내고 있는 것이다. 경기가 시작되면 그의 실력은 모두 사라져버린 듯 보인다.

그는 의지를 짜내어 잘해보려 애쓰고, 예전의 기량을 되찾기 위해 온 신경을 곤두세운다. 그러나 그 모든 노력은 오히려 그를 더 엉망으로 만든다. 애쓸수록 그는 더 처참히 실패한다. 그가 끌어올린 에너지는 의지가 아니라 정신 속의 생각, 이기고자 하는 바람이 아니라 실패라는 지배적인 생각에 복종하고 있기 때문이다.

신경이 예민한 골퍼에게 벙커가 유난히 끌리는 것 같은 '치명적인 매력'도 같은 원인 때문이다. 그는 마음속 눈으로 공이 가장 불리한 지점에 떨어지는 장면을 그린다. 어떤 클럽을 쓰든, 긴 드라이브를 하든 짧게 치든, 벙커에 대한 생각이 그의 마음을 지배하는 한 공은 결국 거기로 향하게 된다. 그는 의지로 이를 극복하려 하지만, 그럴수록 상황은 더 나빠진다.

성공은 억지로 애쓴다고 얻어지는 것이 아니라 올바른 생각으로 이루어진다. 훌륭한 골퍼나 테니스 선수는 거대한 체격과 엄청난 의지력을 가진 사람이 아니다. 그들은 중요한 경기에서 성공할 것이라는 생각을 언제나 품고 있던 사람들이다.

시험을 치르는 젊은이들은 때때로 이런 고통스러운 경험을 한다. 논문을 읽다가 갑자기 모든 지식이 사라져버린 것을 발견하게 되는 것이다. 머릿속은 끔찍하게 텅 비어 있고 관련된 생각들은 하나도 떠오르지 않는다. 이를 악물고 의지의 힘을 소환할수록 원하는 생각은 더 멀리 달아난다.

그러나 시험장을 나서고 긴장이 풀리면, 그들이 찾고 있던 생각들이 다시 정신 속으로 흘러 들어온다. 그들의 건망증은 이전에 정신 속에 자양분을 공급했던 실패에 대한 생각 때문이었다. 의지의 적용은 재앙을 더욱 완벽하게 만들었을 뿐인 것이다.

이것은 약물 중독자, 주정뱅이, 혹은 어떤 강한 욕망에 사로잡힌 사람이 겪는 혼란스러운 경험도 설명해준다. 그의 마음은 만족에 대한 갈망에 사로잡혀 있다. 이를 억누르려는 의지의 노력은 오히려 그 갈망을 더욱 강하게 만든다. 반복되는 실패 끝에 그는 자신이 스스로를 통제할 수 없다는 확신에 이르고, 이 생각이 자기암시로 작용해 무력감을 더 깊게 만든다. 결국 절망 속에 그 집착에 자신을 내맡기고, 그의 삶은 파국으로 치닫게 된다.

이제 우리는 단순히 의지가 어떤 생각을 이길 수 없다는 사실뿐 아니라, 의지가 아무리 강력한 무기를 동원해도 그 무기들은 곧 생각에 의해 빼앗겨 오히려 의지를 거슬러 작동하게 된다는 사실을 알 수 있다. 이 진실은 보두앵이 '역행 노력의 법칙'이라 부른 것으로, 쿠에는 이를 다음과 같이 표현했다.

"상상력과 의지가 충돌하면 반드시 상상력이 승리한다."
"의지와 상상력 사이의 충돌에서 상상력의 힘은 의지의 제곱에 정비례한다."

물론 수학 용어들은 단지 비유적으로만 사용된 것이다.
따라서 의지는 많은 사람들이 생각하듯 삶을 지배하는 군주가 아니라, 때로는 단순히 힘만 쓰는 존재이거나, 때로는 기둥을 무너뜨리는 파괴자가 될 수도 있는 장님 삼손에 불과하다는 사실이 드러난다.

자기암시는 갈등을 피함으로써 성공한다. 잘못된 생각을 올바른 생각으로 대체하는 것이다. 이는 과학의 영역에서 신약 성경의 원리, 즉 '악을 대적하지 말고, 선으로 악을 이기라'는 가르침을 문자 그대로 적용하는 셈이다.

이 교리는 결코 의지를 부정하는 것이 아니다. 단지 의지를 제자리에 두고, 더 높은 힘에 종속시킬 뿐이다. 잠시만 생각해 보아도 의지는 생각의 하인 이상이 될 수 없음을 알 수 있다. 상상력이 먼저 목표를 제시하지 않으면 우리는 의지를 발휘할 수 없다.

우리는 단순히 '의지할 수'는 없고, 반드시 어떤 것을 의지해야 한다. 그리고 그 '어떤 것'은 생각이라는 형태로 마음속에 존재한다. 의지는 마음속 생각과 조화를 이룰 때에만 올바르게 작동한다.

하지만 우리의 생각이 매끄럽게 실행되는 과정에서 장애물을 만나면 어떻게 될까? 그 장애물은 골퍼의 벙커처럼 우리 밖에 존재할 수도 있지만, 동시에 우리의 머릿속에 '하나의 생각'으로 존재하기 때문에 우리는 그것을 인식하게 되는 것이다.

그 장애물의 심상이 마음속에 머무는 한, 그것을 극복하려는 의지의 노력은 오히려 그것을 더 압도적인 존재로 만든다. 마치 염소가 벽돌 담장에 머리를 들이받는 것과 같다. 이렇게 작은 어려움조차도 점점 부풀려져 결국에는 넘을 수 없는 장벽으로 만들어버린다. 말 그대로 ‘두더지 언덕을 산으로’ 만드는 것이다.

신경쇠약에 걸린 사람이 바로 이 과정을 겪는다. 그의 머릿속에는 ‘어려움’이라는 생각이 그대로 자리 잡고, 그것을 극복하려는 모든 노력이 오히려 그 생각을 키워 결국 그를 압도해버린다. 심지어 길 하나 건너는 일에도 실신할 정도가 되는 것이다.

하지만 생각을 바꾸는 순간, 우리의 고통은 사라진다. 이성의 힘으로 막연한 ‘장애물’이라는 생각 대신 그것을 극복할 ‘방법’이라는 생각을 심을 수 있다. 그러면 즉시 의지와 생각이 다시 조화를 이루고, 우리는 목표를 향해 당당히 나아갈 수 있다.

그 방법이 정면 돌파, 즉 힘으로 장애물을 극복하는 방식일 수도 있다. 그러나 힘을 발휘하기 전에, 정신이 그것을 승인해야 한다. 즉 성공할 가능성이 있다는 생각을 품어야 한다.

실제로는 장애물이 이미 무너지고 평평하게 깔린 상태를 상상해야 한다. 그렇지 않으면 앞서 말한 내적 갈등에 빠지고, 우리의 힘은 헛된 싸움 속에서 소진될 것이다.

장애물에 대한 정면 돌파는 노력이 필요하지만, 그 노력이 효과적이기 위해서는 이성이 이를 승인해야 하고, 일정 부분 '성공할 것'이라는 생각이 먼저 자리 잡아야 한다.

따라서 외부세계를 상대할 때조차 생각이 언제나 의지를 지배한다면, 우리의 행동이 내면을 향할 때는 그 영향력이 더욱 클 수밖에 없다. 자기암시를 실천할 때 우리는 오직 생각만이 현실인 정신의 세계에 살고 있다.

우리가 만날 수 있는 장애물은 생각 그 자체 외에는 없다. 그러므로 정면 돌파, 즉 힘으로 밀어붙이는 방식은 결코 허용될 수 없다. 그것은 의지와 생각을 즉시 충돌하게 만들기 때문이다.

자기암시에서는 단순히 장애물을 인식하는 데서 벗어나 그것을 극복할 수단을 떠올리는 전환이, 외부 행동에서처럼 준비 단계가 아니라 곧장 장애물을 없애는 행위가 된다. 올바른 생각을 얻는 순간 이미 우리는 목표를 이룬 것이다.

유도된 자기암시를 실천하면서 '노력'을 쏟아붓는 것은, 물질세계에서 쓰도록 만들어진 도구를 정신의 세계에서 억지로 사용하는 것과 같다. 마치 수학 문제를 풀기 위해 깡통 따개로 책을 마구 짓이기는 것과도 같다.

따라서 자기암시를 실천할 때는 어떤 형태로든 노력이 끼어들어서는 안 된다. 그 이유는 두 가지다.

첫째, 노력은 우리를 각성 상태로 깨워 무의식의 흐름을 억누르기 때문이다.

둘째, 노력은 생각과 의지 사이에 갈등을 일으키기 때문이다.

앞서 살펴본 예들을 분석해 보면 흥미로운 사실이 하나 드러난다. 모든 경우에서 정신을 차지한 생각은 '최종 상태', 즉 이미 이루어진 결과였다. 골퍼는 공이 벙커에 빠지는 장면을, 테니스 선수는 패배를, 시험을 보는 사람은 실패를 생각했다. 무의식은 이 생각을 나름의 방식으로 실현했고, 그 목표를 이루기 위해 가장 적합한 수단을 선택했다.

골퍼의 경우에는 매우 섬세한 신체 조정이 필요했는데, 스탠스, 그립, 스윙까지 모든 요소가 그 목표를 향해 작동했다. 그러나 이 모든 신체적 조정은 의식하지 못한 채 무의식적으로 이루어졌다.

여기서 알 수 있는 점은 우리가 목표를 달성하는 방법을 일일이 제시할 필요가 없다는 것이다. 원하는 최종 상태에 대한 생각으로 마음을 채우기만 하면, 그리고 그 목표가 가능한 것이라면 무의식은 우리를 가장 쉽고 직접적인 길로 그 목표에 이르게 한다는 것이다.

여기에서 우리는 이른바 '운'이라고 불리는 것의 진실을 엿볼 수 있다. 흔히 '기다리는 자에게 모든 것이 온다'라고 하는데, 올바른 마음가짐으로 기다린다면 이는 말 그대로 사실이다.

어떤 사람들은 사업에서 유난히 운이 좋은 것으로 알려져 있다. 그들이 손대는 일마다 마치 '황금으로 변하는' 것처럼 보인다. 그들의 성공 비밀은 바로 그들이 성공을 당연히 기대한다는 데 있다.

암시가 인간 본성을 넘어 초월적인 법칙을 작동시킨다고까지 말할 필요는 없다. 중요한 점은, 어떤 종류든 성공을 기대하는 사람은 무의식적으로 환경에 맞는 올바른 태도를 취하고, 스스로도 모르게 스쳐 지나가는 기회를 붙잡으며, 내면의 준비성을 통해 외부 상황을 자신에게 유리하게 끌어당긴다는 사실이다.

인간은 흔히 인생이라는 바다를 항해하는 배에 비유된다. 그 배에서 엔진은 의지이고, 키는 생각이다. 만약 우리가 진로를 벗어나고 있다면, 전속력 전진을 외치는 것은 쓸모없을 뿐 아니라 해롭기까지 하다. 우리가 할 수 있는 유일한 희망은 키의 방향, 즉 생각을 바꾸는 것이다.

Day by day,

in Everyway,

I am getting better

and better.

점점 나는 날마다,

모든 면에서,

점점 더 좋아지고 있다.

Day by day,

in Everyway,

I am getting better

and better.

나는 날마다,

모든 면에서,

점점 더 좋아지고 있다.

Day by day,

in Everyway,

I am getting better

and better.

나는 날마다,

모든 면에서,

점점 더 좋아지고 있다

자기암시의 실천

THE PRACTICE OF AUTOSUGGESTION

일반적인 규칙들

GENERAL RULES

제6장

일반적인 규칙들

하나의 생각이 지니는 강력한 영향력을 알게 된 이상, 우리는 정신 속에 들어오는 생각들을 훨씬 더 신중하게 검열할 필요가 있음을 알 수 있다.

생각은 삶에서 입법부와 같고, 의지는 행정부와 같다. 우리는 감옥이나 정신병원의 수감자들에게 국가의 입법권을 맡기는 것이 현명하다고 생각하지는 않을 것이다. 그런데도 우리가 분노나 병적인 생각을 품을 때는, 바로 그런 범죄자나 광인 같은 생각들에게 우리 존재라는 공동체의 통치권을 내어주는 꼴이 된다.

그러므로 앞으로 우리는 건강, 성공, 선함에 관한 생각을 찾아야 한다. 그리고 대화 중 우울한 주제나, 신문을 가득 채운 범죄와 재난 소식, 예술의 힘으로 슬픔을 아름다움으로 승화시키지 못한 채 그저 감정을 후벼 파는 소설, 연극, 영화들을 조심스럽게 다루어야 한다.

이는 언제나 스스로를 의식하며 해로운 생각이 싹트기 전에 뿌리 뽑으려 들라는 뜻도 아니고, 타조처럼 머리를 모래에 처박고 병과 악이 실제로는 존재하지 않는다고 선언하라는 뜻도 아니다. 전자는 자기중심주의로, 후자는 냉혹함으로 이어진다.

때로는 의무적으로 악하고 우울한 사안에 주의를 기울여야 할 때도 있다. 우정과 인간적 연민이 요구되는 일을 거부할 수 없으며, 그런 일을 외면하는 것은 도덕적 손실을 초래한다. 그러나 이러한 주제들에 접근하는 방법에는 긍정적인 방식과 부정적인 방식이 있다. 동정심은 흔히 타인의 우울, 나약함, 정신적 고통에 우리가 감염되도록 스스로를 내어주는 수동적 과정으로 여겨지곤 한다.

그러나 이는 왜곡된 동정심이다. 만약 친구가 전염성 질병에 걸렸다면, 당신이 그의 병을 스스로 옮아 감염되는 것으로 동정을 증명하려 들지 않을 것이다. 그것이 공동체에 대한 범죄라는 사실을 누구나 알기 때문이다.

그러나 마치 그것이 이웃에 대한 자비의 행위인 양, 병든 생각에 스스로를 감염시키는 일을 마다하지 않는 사람들이 많다. 또한 어떤 이들은 기근이나 전염병 같은 참혹한 이야기에 스스로 마음을 내맡기며, 그로 인한 우울이 멀리 있는 피해자들에게 무언가 가치 있는 일이라도 되는 듯 착각한다.

그러나 이는 명백히 잘못이다. 그 결과는 오직 독자 자신

을 우울과 건강하지 못한 상태에 빠뜨려, 결국 가족에게 짐이
되게 할 뿐이다. 이런 재난들이 알려져야 한다는 점은 의심할
여지가 없다. 그러나 우리는 지난 장에서 제시한 방식으로 반
응해야 한다. 단순히 악을 인식하는 데 그치지 말고, 그것을
극복할 수단을 찾아야 한다. 그리하면 고무적인 목표를 바라
볼 수 있고, 의지의 힘을 그것을 이루는 데 쓸 수 있게 된다.

오, 인간의 영혼이여, 그대가 할 수 있는 한
출렁이는 감각의 밀물과 썰물 위에
영원히 빛나는 표식을 세우라.
밤새워 애써도 그 수고가 헛되지 않으리니,
그대가 소망하는 하늘이 바로 그대가 스스로 만든 집이
되리라.

자기암시는 결코 무감각함을 만들어내는 것이 아니다. 오
히려 가장 진실한 동정심을 실천할 수 있는 방법과 수단을 제
시한다. 모든 경우에서 우리의 목표는 가능한 한 빨리 고통을
없애는 것이어야 하며, 나쁜 생각을 받아들이지 않고 우리 자
신의 정신적·도덕적 균형을 유지하는 것이 그 길을 한층 더
쉽게 만들어준다.

우울한 생각이 다가올 때, 그것이 외부에서 오든 내부에서 생기든, 우리는 조용히 시선을 더 밝은 쪽으로 옮겨야 한다. 실제로 어떤 질병에 시달리고 있다 하더라도, 가능한 한 그 질병에 생각이 머물지 않도록 해야 한다.

유기적 질병조차도 그 생각을 붙잡고 곱씹는다면 그 힘이 백배로 커질 수 있다. 그렇게 함으로써 우리는 우리 존재의 모든 자원을 그 질병에 내어주고, 생명력을 스스로의 파괴로 향하게 하는 꼴이 되기 때문이다.

반대로 그 질병에 주의를 주지 않고 치유적인 자기암시로 맞선다면, 그 힘을 최소화할 수 있고 결국 완전히 극복할 수도 있다. 심각한 유기적 질병조차도 잘못된 생각이 끼치는 영향은 순수하게 육체적 요인보다 훨씬 더 크다.

때로는 타고난 기질적 한계나 고통의 심각성 때문에 상상력이 평소의 통제를 벗어날 때가 있다. 그런 경우 암시는 우리의 의지와 상관없이 작용하며, 정신 속에서 그 부정적인 생각을 몰아낼 힘조차 없는 듯 느낀다. 이런 상황에서는 결코 억지로 그 집요한 생각을 떨쳐내려 해서는 안 된다. 그런 노력은 오히려 '역행 노력의 법칙'을 작동시켜 우리를 더 깊은 수렁으로 빠뜨릴 뿐이다.

그러나 쿠에가 고안한 기법은 ― 다음 장들에서 설명하겠지만 ― 가장 힘든 상황에서도 우리 자신을 다스릴 수 있는 수단을 제공해 준다.

우리가 피해야 할 모든 파괴적 암시 중에서도 가장 위험한 것은 두려움이다. 두려워한다는 것은 단순히 부정적인 생각에 머무르는 것이 아니라, 그 생각과 우리 자신 사이에 가장 밀접한 개인적 연결을 만들어내는 것이다. 게다가 그 생각은 강한 감정으로 둘러싸여 있어 그 영향력이 크게 증폭된다.

두려움은 자기암시가 최대의 힘을 발휘하는 데 필요한 모든 요소를 결합한 상태다. 그러나 다행히도 두려움 역시 자기암시의 통제력 아래 둘 수 있다. 자기암시를 활용할 방법을 아는 사람이라면, 무엇보다 먼저 이 두려움을 정신에서 제거하는 일을 시작해야 한다.

우리 자신을 위해서라도 이웃의 결점이나 약점에 집착하는 것을 피해야 한다. 이기심, 탐욕, 허영심 같은 생각이 끊임없이 마음에 떠오르면, 우리는 무의식적으로 그것을 받아들여 결국 우리 성격 속에서 실현해 버릴 위험이 크다.

작은 마을에서 흔히 볼 수 있는 하찮은 험담과 뒷말은, 겉

으로는 비난하는 것 같지만 사실은 바로 그 결점을 만들어낸
다. 반대로 이웃의 덕목에 마음을 두면, 우리는 그 덕목을 우
리 내면에 재현하게 된다.

부정적인 생각을 피해야 하는 이유가 우리 자신을 위한 것
이라면, 타인을 위해서는 그 이유가 훨씬 더 크다. 우울하고
낙담한 사람들은 정신적 전염의 중심지가 되어, 그들과 접촉
하는 모든 이에게 해를 끼친다. 때로 이런 사람들은 마치 자
신의 무의식이 모든 사람을 자기 수준으로 끌어내리려는 듯,
밝은 성격을 가진 이들의 명랑함을 꺼뜨리기 위해 본능적으
로 행동하는 것처럼 보이기도 한다.
　　그러나 건강하고 선의로 가득한 사람들조차 자신이 끼치
는 해를 전혀 의식하지 못한 채 부정적인 암시를 사방으로 흩
뿌리곤 한다.

우리가 지인에게 '요즘 안 좋아 보여요'라고 말할 때마
다 사실은 그의 건강을 해치고 있는 셈이다. 그 영향이 극히
미미할 수는 있지만, 반복되면 점점 강력해진다. 하루 동안
15~20번쯤 자신이 아프다는 암시를 받아들인 사람은 실제
로 병에 걸리는 과정을 이미 밟고 있는 것이다.

마찬가지로, 친구의 힘든 일을 무심코 동정하거나 그것을 지루하고 부적절한 일로 표현할 때마다, 그가 그 일을 해내는 것을 조금 더 어렵게 만들고, 그만큼 그의 성공 가능성을 조금씩 낮추는 것이다.

어른들과 대화할 때에도 말을 조심해야 한다면, 아이들과의 접촉에서는 훨씬 더 큰 주의가 필요하다. 아이의 무의식은 어른보다 훨씬 더 쉽게 접근할 수 있고, 의식이 발휘하는 선택 능력은 훨씬 더 약하기 때문에, 받아들인 인상이 훨씬 강력하게 현실로 나타난다. 이런 인상들은 아이가 성장하며 삶을 구성해 나가는 재료이며, 잘못된 재료를 제공한다면 결과적으로 그 구조는 불안정해질 수밖에 없다.

하지만 가장 세심하고 자녀를 생각하는 어머니들조차도 매일같이 아이들의 마음속에 나약함의 씨앗을 뿌리곤 한다. 아이들은 끊임없이 감기에 걸릴 거다, 아플 거다, 넘어질 거다, 혹은 다른 불행을 겪을 거라는 말을 듣는다.

아이가 연약할수록 부정적인 암시에 더 많이 노출되기 쉽다. 그러다 보니 아이들은 병든 상태를 정상으로 여기고, 건강은 오히려 예외적인 상태로 받아들이게 된다. 이는 정신적·도덕적 교육에서도 마찬가지다. 부모들이 아이에게 '너는 못됐다', '말을 안 듣는다', '멍청하다', '게으르다', '못됐다' 같은 말을 얼마나 자주 하는가?

만약 이런 암시들이 아이들에게 받아들여진다면, 그들은 실제로 그런 성향을 그대로 키워가게 될 것이다. 게다가 말로 표현되지 않아도, 단지 표정이나 몸짓만으로도 바람직하지 않은 자기암시가 시작될 수 있다.

낯선 사람 두 명이 찾아왔을 때, 아이가 한 사람과는 곧바로 친해지고 다른 한 사람은 피하려 드는 모습을 볼 수 있다. 왜 그럴까? 한 사람은 건강하고 밝은 분위기를 풍기는 반면, 다른 한 사람은 짜증이나 우울의 기운을 뿜어내기 때문이다.

에머슨은 이렇게 말했다.

"사람들은 자신이 덕이나 악을 오직 드러나는 행동으로만 전한다고 생각하지만, 사실 덕과 악은 매 순간 숨결처럼 흘러나온다는 것을 보지 못한다."

특히 아이들을 대할 때는 단순히 부정적인 생각을 말로 표현하지 않는 것만으로는 충분하지 않다. 아예 그런 생각을 마음속에 품지 않도록 해야 한다. 우리가 밝고 긍정적인 마음을 지니지 않는다면, 우리로부터 전해지는 암시는 거의 아무런 가치도 지니지 못할 것이다.

오늘날 점점 더 많은 사람들이 이른바 유전병이라고 불리는 질환 중 상당수가 실제로는 부모에게서 자녀로 '신체적으로'가 아니라 '정신적으로' 전해진다는 생각을 받아들이고 있다. 다시 말해, 아이의 마음속에 끊임없이 새겨지는 부정적인 암시를 통해 전해진다는 것이다.

예를 들어, 부모 중 한 사람이 결핵에 걸리기 쉬운 체질이라면, 아이는 결핵에 대한 생각이 가득한 분위기 속에서 자라게 된다. 아이는 끊임없이 '폐를 조심해라', '가슴을 따뜻하게 해라', '감기를 조심해라' 등등의 말을 듣는다.

다시 말해, '내 폐는 보통보다 약하다'라는 생각이 반복해서 주입되는 것이다. 이런 생각이 현실로 실현되어 실제로 폐결핵이 발병하는 것은 거의 필연적이다.

그러나 사실 이 모든 것은 새삼스러운 이야기가 아니다. 누구나 밝은 마음이 건강을 북돋우고, 어두운 마음이 병이 자라기 좋은 환경을 만든다는 것을 안다.

잠언의 저자는 "즐거운 마음은 좋은 약이 되지만, 손상된

영혼은 뼈를 마르게 한다."라고 말했다. 하지만 이런 지식은 과학적 근거가 부족했기에 체계적으로 활용되지 못했다. 우리는 감정을 너무 쉽게 결과로만 여기고, 그것을 원인으로 보려 하지 않았다.

우리는 건강하기 때문에 행복하다고 생각하지만, 사실 그 반대도 가능하다. 행복하기 때문에 건강해질 수도 있는 것이다. 행복은 단지 삶의 조건이 만들어내는 결과가 아니라, 그 조건을 만들어내는 힘이기도 하다.

자기암시는 바로 이 후자의 관점에 무게를 둔다. 행복이 먼저다. 마음이 정돈되고 균형을 이루며, 달콤하고 즐거운 생각의 빛으로 가득할 때만이 최고의 효율로 작동할 수 있다. 우리가 습관적으로 행복할 때 비로소 우리의 능력과 역량은 온전히 꽃피며, 외부 세계를 형성하는 일에도 가장 효과적으로 힘을 발휘할 수 있게 된다.

행복은 식당에서 요리를 주문하듯 마음대로 가져올 수 있는 것이 아니라고들 말한다. 사랑이 그렇듯 행복의 본질도 자유에 있다. 맞는 말이다. 그러나 사랑이 그러하듯 행복도 구하고 얻을 수 있다.

행복은 누구나 인생의 어느 순간에 경험하는 상태이며, 본래 마음에 속한 것이다. 유도된 자기암시를 꾸준히 실천하면 행복은 잠시 스쳐 지나가는 손님이 아니라, 외부의 폭풍과 스트레스에도 흔들리지 않는 마음의 거주자가 될 수 있다.

내면에서 조건 지어진 이 '마음속의 행복'이라는 개념은 생각만큼이나 오래된 것이다. 그리고 자기암시를 통해 우리는 그것을 우리 삶 속에서 실현할 수 있다.

제7장

일반적인 처방

THE GENERAL FORMULA

우리는 서투른 골퍼가 공이 벙커에 빠질 거라고 상상할 때, 무의식적으로 그 생각을 실제로 실현하는 데 필요한 동작들을 정확히 수행한다는 사실을 보았다. 이 과정에서 그의 무의식은 그의 바람과는 정반대이지만 놀라울 만큼 교묘하고 숙련된 능력을 발휘한다.

이와 같은 사례들로부터 우리는 정신이 이미 이루어진 사실, 실현된 상태에 대한 생각에 머무르면 무의식이 그 상태를 만들어낸다는 결론에 도달했다. 그리고 이것은 자발적인 자기암시뿐 아니라, 스스로 유도한 자기암시에도 똑같이 적용된다.

따라서 우리가 행복을 꾸준히 생각하면 행복해지고, 건강을 생각하면 건강해지며, 선함을 생각하면 선해진다. 이성이 수용할 수 있는 범위 안에서 우리가 끊임없이 품는 생각은 결국 우리 삶의 실제 상태가 되려는 경향을 지닌다.

우리는 전통적으로 의식에 지나치게 의존해 왔다. 누군가 두통에 시달리면 의사의 도움을 받아 원인을 찾아내고, 그것이 눈 때문인지, 소화 문제인지, 신경 때문인지를 확인한 뒤,

그 결함을 고치기 위해 적절한 약을 구한다. 기억력이 나쁘면 여러 기억 훈련법 중 하나를 연습한다. 해로운 습관에 사로잡히면, 의지로 그것을 억누르려 애쓰지만, 이는 대개 힘을 소진시키고 자존심을 무너뜨리며, 오히려 더 깊은 수렁으로 빠지게 할 뿐이다.

그에 비하면 유도된 자기암시의 방법은 얼마나 단순한가! 그저 원하는 결과를 생각하기만 하면 된다. 통증 없는 머리, 좋은 기억력, 나쁜 습관이 사라진 삶. 그러면 무의식이 작동해 이 상태들이 조금씩 실현되는데, 당사자는 그 과정조차 의식하지 못한 채 변화가 일어난다.

그러나 그렇다 하더라도, 각각의 문제마다 두통은 두통대로, 기억력은 기억력대로, 나쁜 습관은 또 따로 새로운 암시를 해야 한다면, 자기암시를 실천하는 데 깨어 있는 삶의 상당 부분을 할애해야 할 것이다.

다행히도 낭시 학파의 연구는 이를 더욱 단순화할 방법을 밝혀냈다. 그것은 정신적·신체적·도덕적 모든 측면에서 매일 조금씩 나아진다는 생각을 마음에 심어주는 '일반 공식'을 사용하는 것이다.

쿠에가 가장 만족스럽다고 여긴 영어 버전은 다음과 같다.

"Day by day, in every way, I'm getting better and better."(나는 날마다, 모든 면에서, 점점 더 좋아지고 있다.)

이 문장은 매우 간단해 어린아이도 이해할 수 있고, 기본적인 리듬감을 지니고 있어 마음을 진정시키는 효과를 내며 무의식을 불러내는 데 도움이 된다.

하지만 보두앵 번역자들이 추천한 버전처럼, 이미 익숙한 다른 표현이 있다면 그것을 계속 사용하는 편이 낫다. 신앙심이 깊은 사람이라면 하나님의 돌봄과 보호를 떠올리며 이렇게 덧붙일 수도 있다.

"Day by day, in every way, by the help of God, I'm getting better and better."(하나님의 도움으로 나는 날마다 모든 면에서 점점 더 좋아지고 있다.)

이렇게 하면 무의식이 일반적인 공식보다 더 도덕적·영적 향상에 주의를 기울이도록 이끌 가능성이 있다.

그러나 이 일반 공식은 단순히 간결하고 편리하다는 장점만 있는 것이 아니다. 무의식은 우리의 정신적·신체적 기능을 감독하는 존재로서, 의식보다 훨씬 더 정확하게 지금 가장 시급히 다뤄야 할 결함과 약점을 알고 있다. 이 일반 공식은 무의식에 치유와 강화의 에너지를 제공하고, 그것이 가장 시급히 필요한 지점에 그 힘을 알아서 적용하도록 맡기는 것이다.

우리가 일상에서 경험하듯, 사람마다 이상적인 남성과 여성의 모습에 대한 생각은 크게 다르다. 냉혹한 물질주의자는 완벽함을 오직 부의 관점에서만 그릴 것이고, 허영심 많은 여자는 육체적 아름다움과 매력, 이목을 끄는 자질만을 원할 것이다.

섬세한 남자는 자신이 가진 능력을 폄하하고, 오히려 부족한 면을 과장하는 경향이 있으며, 자기만족에 빠진 이웃은 자기 덕목 외에는 다른 어떤 미덕에서도 가치를 보지 못할 것이다.

따라서 의식적인 바람만을 따라 자기암시의 내용을 자유롭게 정하도록 내버려둔다면, 사람들은 스스로 그리 바람직하지 않은, 심지어 더 높은 기준에서 볼 때 해로운 자질을 실현하는 데 이 힘을 쓸 수도 있다. 설사 그의 선택이 좋은 것이었다 하더라도, 몇몇 특성을 지나치게 발달시켜 다른 면을 해치고, 결과적으로 인격의 균형을 파괴할 위험이 있다.

일반 공식을 사용하는 것은 이러한 위험을 막아준다. 우리가 스스로 잘못된 길로 가려 할 때조차 우리를 지켜준다. 의식이 빠질 수 있는 함정을 피하게 하고, 더 유능한 권위자에게 판단을 맡기게 하는 것이다. 음식 섭취 후 영양분의 분배를 무의식에 맡기듯, 정신적 양식 즉 유도된 자기암시의 내용 역시 무의식에 안전하게 맡길 수 있는 것이다.

이 일반 공식을 모든 사람이 사용하면 개개인의 특성이 사라지고 모두가 똑같은 모습으로 변할 것이라는 두려움은 근거가 없다. 특정한 암시를 강제로 주입하는 경직된 체계라면 그런 결과를 초래할 수도 있겠지만, 일반 공식은 각자의 마음이 가장 자연스러운 방식으로 펼쳐지고 성장하도록 자유를 남겨둔다. 오히려 이렇게 부여되는 자유로운 자극은 인간 정신의 영원한 다양성을 더욱 풍부하게 할 뿐이다.

우리는 이미 무의식의 조수가 의식적 사고와 양립할 수 있는 가장 높은 수준에 이르는 때가 잠들기 직전과 깨어난 직후라는 사실을 살펴보았다. 이때 이루어진 암시는 거의 확실하게 받아들여진다. 그러므로 바로 그 순간들이 공식을 반복하기에 가장 적합한 때다.

그러나 구체적인 방법으로 넘어가기 전에 한 가지 경고는 필요하다. 살아 있는 행위를 지적으로 분석하려는 시도는, 피상적인 것일지라도 그것을 복잡하고 어렵게 보이게 마련이다. 따라서 우리가 '잠재의식의 표출'과 '수용'의 과정을 살펴본 것은 필연적으로 그것을 실제보다 더 어렵게 보이게 만들었을 것이다.

자기암시는 무엇보다도 '쉬운' 것이다. 그것의 가장 큰 적은 '노력'이다. 수행이 단순하고 억지스럽지 않을수록 그 효과는 더 강력하고 깊게 작용한다. 가장 놀라운 결과들이 아이들과 소박한 프랑스 농민들에 의해 얻어졌다는 사실이 이를 잘 보여준다.

바로 이 지점에서 쿠에의 실천 지침은 보두앵의 그것과 크게 다르다. 쿠에는 자기암시가 '쉬워야 한다'고 강조하지만, 보두앵은 그것을 복잡하게 만든다. 그가 '이완', '집중', '대립', '몰입'에 할애한 네 개의 장은 독자에게 적지 않은 부정적 암시를 심어준다. 그것들은 자기암시가 오직 큰 예지와 철저한 관리가 있어야만 성공할 수 있는 복잡한 일이라는 인상을 남긴다. 이것만큼 초심자를 도중에 벗어나게 할 만한 것도 없을 것이다.

우리는 자기암시가 매일의 삶 속에서 우리가 무의식적으로 수행하는 마음의 기능이라는 사실을 이미 보았다. 따라서 유도된 자기암시가 이러한 자발적 원형에 가까울수록 그 효과는 더 강력해진다. 보두앵은 지성이 직관의 일을 대신하는 위험을 경고하지만, 정작 그 자신이 바로 그런 방식을 취하고 있다. 그의 규칙에 따라 표출 상태를 얻고 그곳에 암시를 심으려 애쓰는 환자는 자신이 하는 일에 지나치게 집중한 나머지, 오히려 표출 상태에 이르기가 거의 불가능해진다.

쿠에의 생각에 따르면 이러한 인위적인 보조 장치는 불필요할 뿐 아니라 오히려 방해가 된다. 자기암시는 의식과 무의식이 하나의 생각을 받아들이는 데 협력할 때 성공하는 것이다.

쿠에의 오랜 실천은 무의식을 이 과정의 상위 파트너로 두고, 그것이 스스로 올바른 조건을 만들어내도록 맡겨야 한다는 사실을 보여준다. 지성이 자신의 영역 밖에 있는 과정을 통제하려 들며 부산스럽게 개입하면 갈등만 일으켜 시도를 실패로 이끌 뿐이다.

여기 제시된 지침들은 성실히 실천하기만 한다면 이 방법이 제공할 수 있는 최대의 효과를 얻기에 충분하다.

끈 한 조각을 준비해 그 위에 스무 개의 매듭을 지어라. 이렇게 하면 경건한 가톨릭 신자가 묵주로 기도를 세듯, 최소한의 주의력으로 횟수를 셀 수 있다. 스무 개라는 숫자 자체에 특별한 의미가 있는 것은 아니며, 단지 적당한 기준으로 선택한 수에 불과하다.

잠자리에 들면 눈을 감고 근육을 이완한 뒤 편안한 자세를 취하라. 이것은 단지 수면을 위한 일반적인 준비일 뿐이다. 그런 다음 매듭을 이용해 수를 세며 일반 공식을 스무 번 반복하라.

"나는 날마다, 모든 면에서 점점 더 좋아지고 있다."

이 문장은 반드시 소리 내어 말해야 한다. 즉, 자신의 귀에 들릴 만큼은 크게 말하라는 뜻이다. 이렇게 하면 입술과 혀의 움직임, 그리고 귀를 통해 전달되는 청각적 자극이 그 생각을 강화한다. 아이가 무심코 자장가를 흥얼거리듯 힘들이지 말고 단순하게 말하라. 이렇게 하면 비판적으로 작동하는 의식의 기능을 자극하지 않게 되어, 표출 상태(outcropping)가 줄어드는 것을 막을 수 있다.

이 연습에 익숙해져서 전혀 '의식적이지 않게' 말할 수 있게 되면, '모든 면에서'라는 구절에서 목소리를 살짝 높이거나 낮추어 보라. 어느 쪽이든 상관없다. 이 구절은 아마 공식에서 가장 중요한 부분이므로 이렇게 부드럽게 강조하는 것이다.

그러나 처음부터 억지로 이렇게 하려고 해서는 안 된다. 불필요하게 과정을 복잡하게 만들고, 의식적 주의를 요구해 오히려 노력이 개입될 수 있다.

또한 말하는 내용에 집중하려 애쓰면 안 된다. 오히려 마음이 원하는 대로 흘러가도록 두는 것이 좋다. 생각이 공식에 머무른다면 더할 나위 없지만, 다른 데로 흘러가더라도 굳이 되돌리려 할 필요는 없다. 반복이 멈추지 않는 한, 떠도는 생각은 오히려 그것을 끌어오려는 노력보다 덜 방해가 된다.

공식을 반복하는 방식에 대해 보두앵은 쿠에와 다른 견해를 갖고 있다. 그는 모든 단어를 각각 힘주어 '경건하게 (piously)' 말하라고 조언한다. 물론 이런 방식에도 나름의 가치가 있을 것이다.

그러나 '경건함'이라는 단어가 가리키는 마음가짐은 불행히도 모든 사람에게 익숙한 것이 아니다. 보통 사람은 '경건해지려' 애쓰다가 오히려 부자연스러워질 수 있다.

그러나 가장 성숙한 사람 안에도 여전히 어린아이가 존재한다. 공식을 '어린아이처럼' 반복하는 방식은 무의식의 깊은 층, 즉 여전히 어린이 같은 마음이 살아 있는 부분과 연결시킨다. 쿠에가 거둔 놀라운 성공은 바로 이 방법으로 이루어진 것이며, 보두앵이 이를 바꿔야 한다는 설득력 있는 이유를 제시한 적은 없다.

이 지침들은 분명 마음을 온전히 하나의 생각으로 채우는 이상적 상태에는 조금 미치지 못할지도 모른다. 그러나 시작하기에는 충분하다. 가장 중요한 규칙은 '노력하지 않는 것'이며, 이 점을 지키면 직관적으로 올바른 태도에 도달할 수 있다.

이 무의식적 적응 과정을 조금 더 빠르게 하기 위해 간단한 암시를 시작 전에 해볼 수 있다. 마음속으로 이렇게 다짐해보는 것이다.

"나는 이 공식을 최대의 효과를 거둘 수 있는 방식으로 반복할 것이다."

이렇게 하면 어떤 의식적인 사고 훈련보다 훨씬 효과적으로 필요한 조건을 만들어낼 수 있다. 아침에 눈을 떴을 때, 일어나기 전에 잠자리에 들 때와 똑같은 방식으로 이 공식을 반복한다. 이 공식을 규칙적으로 반복하는 것은 낭시 방법의 초석이며 결코 소홀히 해서는 안 된다. 건강할 때는 앞으로 닥칠지도 모를 모든 악을 미리 걷어내는 사전 파견자로 여길 수도 있다.

그러나 무엇보다도 우리는 이것을 교육자로 보아야 한다. 무의식을 막고 삶의 참된 의미를 빼앗는 수많은 부정적 자발적 암시들을 서서히 변화시키는 수단으로 보아야 한다.

믿음을 갖고 말해야 한다. 그렇게 말했다면 당신이 해야 할 의식적 과정은 끝난 것이다. 그다음은 무의식이 방해받지 않고 스스로 일을 하도록 맡겨라. 조급해하며 스스로를 점검하고 개선의 징후를 찾으려 들 필요는 없다.

농부가 씨앗이 싹텄는지 보려고 매일 아침 흙덩이를 뒤집어보지 않는 것과 같다. 씨앗을 뿌렸다면 푸른 싹이 나올 때까지 그대로 두는 것이다.

암시도 이와 같아야 한다. 씨앗을 뿌리고, 마음의 무의식적인 힘이 그것을 열매 맺게 할 것을 믿어야 한다. 의식적 자아가 편안히 그것을 맡겨 둘수록 그 열매는 더 빨리 맺힐 것이다.

'믿음을 갖고 말하라!' 유도된 자기암시의 힘을 빼앗는 유일한 방법은 그것이 아무 힘이 없다고 믿는 것이다. 그렇게 믿는 순간 그것은 당신에게 실제로 아무 힘도 발휘하지 못하게 된다. 믿음이 클수록 그 효과는 더 근본적이고 더 빠르게 나타날 것이다.

그러나 설사 밤과 아침에 스무 번씩 공식을 반복할 만큼의 믿음만 있어도, 곧 그 결과가 스스로 원하는 증거를 보여줄 것이며, 그렇게 되면 사실과 믿음이 서로를 강화하며 자라나게 될 것이다.

믿음은 이성을 바탕으로 하며 반드시 근거가 있어야 한다. 그렇다면 유도된 자기암시에 대한 믿음은 어떤 근거 위에 세울 수 있을까? 앞서 언급한 치유 사례들은 당신의 직접적인 경험 밖에 있는 것들이라, 대수롭지 않게 치부하고 넘어가고 싶을 수도 있다.

그러나 셰브뢰르Chevreul의 진자 실험은 하나의 생각이 어떻게 행동으로 변할 수 있는지를 아주 단순한 방식으로 보여줄 것이다.

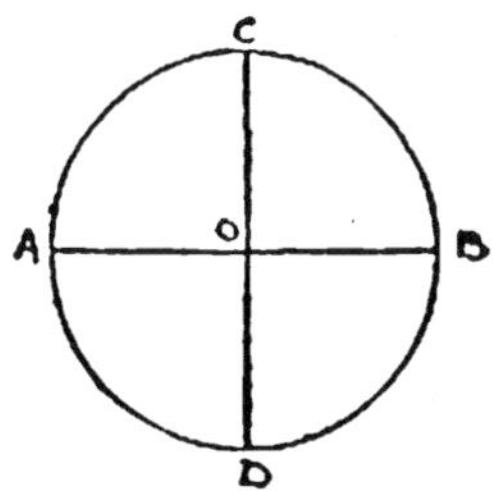

흰 종이를 한 장 준비해, 반지름이 약 5인치 정도 되는 원을 그린다. 그리고 그 원 위에 서로 직각으로 교차하는 두 지름 AB와 CD를 그리고, 그 교차점을 O라고 하자. 선은 두껍고 또렷하게 검은 잉크로 그릴수록 좋다.

이제 연필이나 가벼운 자 하나를 준비해, 한쪽 끝에 길이 약 8인치 정도의 실을 묶고, 실의 아래쪽 끝에는 군복에 달린 것 같은 무거운 금속 단추를 매단다. 그런 다음 이 종이를 탁자 위에 놓고, 지름 AB가 수평으로, CD가 수직으로 보이도록 한다.

탁자 앞에 똑바로 서서, 작은 낚싯대처럼 만든 도구를 양 손으로 단단히 잡고 단추가 O 지점 위에 매달리도록 한다. 이 때 팔꿈치를 몸에 긴장해서 바짝 붙이지 않도록 주의한다.

이제 AB 선을 바라보며 그것을 마음속으로 떠올리고, 눈 으로 좌우로 따라간다. 잠시 후 단추가 당신이 생각하는 그 선을 따라 흔들리기 시작하게 된다. 정신이 그 선의 이미지를 편안히 붙잡을수록 이 흔들림은 더 커진다. 반대로 추를 억지 로 가만히 두려는 시도는 '역행 노력의 법칙'을 작동시켜 오 히려 그 진동을 더 크게 만들 뿐이다.

이제 시선을 CD 선으로 옮긴다. 그러면 단추는 서서히 움 직임의 방향을 바꾸어 CD 선을 따라 흔들리게 된다. 이렇게 잠시 동안 흔들리게 둔 뒤, 이번에는 시선을 원의 둘레로 옮 겨 눈으로 원을 따라 계속 돌린다. 그러면 단추도 다시 당신 의 생각을 따라 시계 방향이든 반시계 방향이든 원을 그리며 움직이게 된다.

조금만 연습하면 지름이 최소 8인치 정도 되는 원형의 흔 들림을 만들어낼 수 있을 것이다. 하지만 이 성공은 오직 당 신의 생각이 얼마나 한곳에 집중되는지와, 동시에 연필을 억 지로 가만히 두려는 노력이 얼마나 강한지에 정비례한다.

마지막으로 O 지점을 떠올린다. 그러면 흔들림의 반경이 점점 줄어들어, 마침내 단추는 멈춰 서게 될 것이다.

이 움직임이 어떻게 일어나는지 굳이 설명할 필요가 있을까? 당신이 떠올린 선에 대한 생각은 무의식으로 전달되어 거기서 실현된다. 그러자 '당신도 모르게' 손으로 아주 미세한 움직임을 만들어내고, 그것이 단추를 흔들리게 하는 것이다.

무의식은 팔과 손의 신경과 근육을 통해 당신의 생각을 자동적으로 실현한다. 이것이 바로 유도된 자기암시가 아니고 무엇일까?

이 작은 실험을 처음 할 때는 혼자 있는 것이 가장 좋다. 그래야 훨씬 더 객관적인 태도로 실험에 임할 수 있기 때문이다.

제8장

개별적인 암시들

PARTICULAR SUGGESTIONS

이 장에서 다룬 개별 암시의 활용은 '나는 날마다, 모든 면에서, 점점 더 좋아지고 있다'라는 일반 공식에 비하면 그다지 중요하지 않다. 쿠에는 연구를 깊이 할수록 이 일반 공식이야말로 모든 것의 핵심이고, 나머지는 모두 부수적인 것임을 더욱 확신하게 되었다. 왜 그런지 짐작하기는 어렵지 않다.

일반 공식에서는 온전히 '좋아진다'는 생각에 주의가 집중된다. 정신은 방해하고 막는 모든 것으로부터 벗어나 긍정적인 목표에 고정된다. 그러나 개별적인 암시를 세울 때는 언제나 우리의 결점과 질환이라는 얇은 얼음 위를 걷게 되며, 가장 고통스러운 연상이 뒤따르는 주제를 건드리게 된다.

그래서 이러한 생각들은 동일한 창조적 긍정성을 갖기 어렵다. 어찌 되었든, 경험적으로 볼 때 일반 공식이 이 전체 방법의 기초이며, 다른 모든 것은 그저 보조적이고 부차적인 수단으로 유용하지만 본질적 목적에는 필수적이지 않은 것에 불과하다.

우리는 정신적·육체적 통제를 느슨하게 풀고 마음을 떠돌게 할 때 쉽게 말해 '멍하니 생각에 잠길 때'나 '백일몽을 꿀 때' 부분적인 무의식의 표출이 일어난다는 사실을 살펴보았다. 이러한 표출 상태는 개별 암시를 세우기 전에 먼저 의도적으로 만들어내야 한다.

그러나 다시 한 번, 단순한 일을 어렵게 만드는 것에 주의해야 한다. 보두앵은 여러 가지 정교한 준비 과정을 거치라고 권하지만, 이는 심리학 연구자에게는 가치가 있을지 몰라도 일반인에게는 오히려 마음을 산만하게 하고, 메커니즘에 주의를 빼앗겨 창조적인 생각의 힘을 약화시킬 뿐이다.

게다가 그러한 준비는 본질적으로 '힘을 들이지 않아야 하는 상태'를 얻기 위해 애쓰게 만든다. 마치 불면증 환자가 '어떻게든 잠들어야 한다'며 애쓰는 것과 같다.

개별적인 암시를 만들어내려면, 방해받지 않을 조용한 방으로 가서 편안한 의자에 앉고, 눈을 감은 채 근육을 이완한다. 다시 말해, 낮잠을 자려는 것처럼 행동한다는 뜻이다. 이렇게 하면 무의식의 조수가 충분히 높이 차올라 개별적인 암시가 효과를 발휘할 수 있게 된다. 이제 말로 원하는 생각을 불러낸다. '이러이러한 개선이 일어날 것이다'라고 스스로에게 말한다.

하지만 여기서는 이러한 제안이 취해야 할 '형식'에 대해 몇 가지 힌트를 제공해야 한다. 믿음이 감당할 수 있는 것보다 더 큰 과제를 부여해서는 안 된다. 예를 들어, 난청 환자가 '나는 완벽하게 들을 수 있다'라고 암시하는 것은 바람직하지 않다. 부분적인 표출 상태에서는 연상이 완전히 차단되지 않기 때문에, 이런 생각은 오히려 그 반대의 생각을 불러일으킬 가능성이 크다. 이렇게 되면 우리가 원하는 암시와 정반대되는 암시를 심어주게 되는 셈이다. 그 결과 실망만 초래하게 되고, 도구에 대한 믿음을 잃어버려 그 효력마저 빼앗기게 된다.

또한 암시가 겨냥하는 병이나 어려움에 대해서는 가능한 한 언급을 피해야 한다. 사실 우리의 관심은 잘못된 상태를 없애는 것보다, 그 자리에 반대되는 올바른 상태를 길러내는 것에 맞추어야 한다.

만약 신경쇠약 증세가 있다면, 당신의 마음은 자주 두려움에 사로잡혀 있을 것이다. 이 두려움이 떠나지 않는 이유는, 무의식 속에서 좌절된 인격의 한 요소가 그것을 통해 일종의 왜곡된 만족을 얻기 때문이다. 다시 말해, 무의식은 두려움이

동반하는 병적인 감정 상태를 은밀히 즐기는 것이다.

만약 두려움을 몰아내는 데 성공한다면, 오히려 허전함을 느끼고 삶이 공허하게 느껴질 수도 있다. 옛 생각들은 당신을 다시 불러들이며, 진정한 행복이 아닌 감정적 자극과 흥분을 약속할 것이다.

그러나 암시가 긍정적인 형태를 띠고, 자기 확신·용기·외향적 활동·삶의 생기 있고 활기찬 것들에 대한 관심으로 마음을 채운다면, 병적인 생각들은 내쫓기고 다시 돌아올 빈자리가 사라질 것이다.

어떤 장애이든 그것에 대해서는 가능한 한 언급을 줄이고, 온전히 그 반대되는 건강한 상태에 주의를 집중해야 한다. 우리는 '긍정적인 생각'에 머물러야 하며, 믿음을 갖고 우리의 소망이 실현될 것을 확언하고, 지금 부족한 승리의 자질들을 이미 갖춘 자신을 그려보아야 한다.

같은 이유로 의심을 내포하는 표현은 절대 사용해서는 안 된다. '~하고 싶다'라거나 '~해 보겠다'와 같은 표현은 무의식에 받아들여지더라도 단지 갈망이나 욕구 상태만을 만들어낼 뿐이며, 우리가 실제로 추구하는 신체적·정신적 변화와는 전혀 다르다.

마지막으로, 원하는 개선을 전적으로 미래의 일로만 말해서는 안 된다. 변화가 이미 시작되었으며, 우리의 목표가 온전히 이루어질 때까지 점점 더 빠르게 진행되고 있다고 확언해야 한다.

다음은 도움이 될 만한 몇 가지 구체적 암시의 예시들이다.

난청의 경우, 눈을 감고 몸과 마음을 이완한 뒤, 스스로에게 이렇게 말한다.

"오늘부터 내 청력은 점점 나아질 것이다. 매일 조금씩 더 잘 들리게 될 것이다. 이 점점 더 빨리 개선되고, 비교적 짧은 시간 안에 나는 아주 잘 들을 수 있게 될 것이며, 그렇게 들리는 상태는 평생 지속될 것이다."

이유 없는 두려움과 불안에 시달리는 사람은 이렇게 암시할 수 있다.

"오늘부터 나는 점점 더 행복하고, 긍정적이며, 밝은 모든 것들을 의식하게 될 것이다. 내게 떠오르는 생각들은 강하고 건강한 것들이 될 것이다. 나는 매일 자신감을 키워가며, 내 능력을 믿게 될 것이고, 그 능력은 동시에 더욱 강하게 드러날 것이다. 내 삶은 점점 더 평온해지고, 수월해지고, 밝아지고 있다. 이러한 변화는 날마다 더욱 분명해지고, 짧은 시간 안에 나는 새로운 삶의 단계로 올라설 것이다. 나를 괴롭히던 모든 근심은 사라져 다시는 돌아오지 않을 것이다."

나쁜 기억력은 이렇게 다룰 수 있다.

"오늘부터 나의 기억력은 모든 면에서 향상될 것이다. 내가 받아들이는 인상들은 더 선명하고 뚜렷해질 것이며, 나는 그것들을 아무런 노력 없이도 저절로 기억하게 될 것이다. 그리고 필요할 때면 그것들이 올바른 형태로 즉시 떠오를 것이다. 이러한 향상은 빠르게 이루어질 것이며, 머지않아 나의 기억력은 그 어느 때보다 좋아질 것이다."

신경질이나 화를 잘 내는 성격은 자기암시에 매우 잘 반응하므로 이렇게 다룰 수 있다.

"이제부터 나는 매일 더욱 더 온화해질 것이다. 평정과 쾌활함이 나의 정상적인 마음 상태가 될 것이며, 머지않아 삶의 작은 일들조차도 이런 태도로 받아들이게 될 것이다. 나는 주변 사람들에게 즐거움과 도움을 전하는 중심이 되어, 나의 좋은 기분이 그들에게도 전해지게 할 것이다. 그리고 이 쾌활한 기분은 너무 익숙해져서 아무것도 그것을 빼앗을 수 없게 될 것이다."

천식은 전통적인 의학적 방법으로는 늘 다루기 어렵고 여전히 난해한 질병이다. 그러나 쿠에의 경험에 따르면, 천식은 특히 자기암시에 의한 치료에 매우 잘 반응하는 질환으로 드러났다.

천식을 없애기 위한 구체적 암시는 이렇게 할 수 있다.

"오늘부터 나의 호흡은 빠르게 편안해질 것이다. 나도 모르게, 그리고 아무런 노력도 들이지 않고, 내 몸은 폐와 기관지를 완전한 건강으로 회복하는 데 필요한 모든 것을 해낼 것이다. 나는 모든 활동을 불편함 없이 해낼 수 있을 것이다. 나의 호흡은 자유롭고, 깊고, 상쾌해질 것이다. 나는 필요한 맑고 건강한 공기를 마음껏 들이마시게 될 것이며, 그로 인해 내 전신이 활력을 얻고 강해질 것이다. 또한 나는 차분하고 평화롭게 잠들어, 최고의 회복과 휴식을 얻고, 아침에는 쾌활하게 깨어 하루하루의 일들을 즐겁게 맞이하게 될 것이다. 이 과정은 오늘 시작되었으며, 머지않아 나는 완전하고 영구적으로 건강을 되찾게 될 것이다."

이러한 암시들은 모두 세 단계를 포함하고 있음을 알 수 있다.

첫째, 개선이 즉시 시작된다.
둘째, 빠르게 진행된다.
셋째, 완전하고 영구적으로 치유된다.

이 구조가 필수적인 것은 아니지만, 매우 유용하므로 적용 가능한 경우 활용하는 것이 좋다.

제시된 예문들은 이 방법을 처음 접하는 사람들이 사용하는 최초의 자기암시로 작성된 것이다. 이후에는 '오늘부터'와 같은 표현 대신, 개선이 이미 시작되었음을 나타내는 문장으로 바꿔야 한다. 예를 들어, 천식 환자의 경우라면 이렇게

바꿀 수 있다. '나의 호흡은 이미 한결 편안해지고 있다.'

개별 암시는 일반 공식에 비해 부차적인 가치밖에 없지만, 때로는 매우 큰 도움이 된다. 일반 공식이 눈으로 보거나 귀로 들을 수 없는 깊은 곳에서 우리의 삶의 기초를 다지는 역할을 한다면, 특정 암시는 겉으로 드러나는 문제들을 해결하는 데 유용하다. 이렇게 두 방법은 서로를 보완하며 함께 활용될 때 더 큰 효과를 발휘한다.

개별 암시는 다음 장에서 설명할 통증 극복 기법으로 얻은 효과를 강화하고 지속시키는 데 매우 유용하다. 통증에 맞서기 전에 우리는 자리에 앉아 눈을 감고 차분하고 확신 있게 이렇게 되뇌어야 한다.

"나는 지금 이 통증을 없앨 것이다."

원하는 결과를 얻었다면, 이제 다시 회복된 이 편안함과 무통 상태가 영구적일 것임을, 그리고 문제가 있던 부위가 빠르게 정상적인 건강 상태로 강화되어 앞으로도 계속 바람직한 그 상태를 유지할 것임을 암시해야 한다. 만약 통증이 완전히 사라지지 않고 어느 정도만 완화되었다면, 이렇게 암시한다.

"통증은 상당한 수준으로 완화되었고, 앞으로 몇 분 안에 이 상태는 완전해질 것이다. 나는 정상적인 건강 상태로 회복될 것이며, 앞으로도 계속 그렇게 지낼 것이다."

이렇게 하면 통증에 대한 우리의 공격은 최상의 조건에서 이루어지며, 어떤 경우에도 성공적인 결과를 얻게 될 것이다.

우리는 일상에서 때때로 마주치는 어려움을 극복하고, 맡은 일을 완전하게 성공으로 이끌기 위해서도 개별 암시를 활용해야 한다. 일반 암시의 사용은 점차 우리의 자기 확신을 강화해, 이성이 승인하는 모든 일에서 성공을 기대할 수 있게 해줄 것이다.

그러나 이러한 완성에 이르기 전, 우리의 자기 확신이 모든 필요를 충족할 만큼 충분히 균형을 이루기 전까지는, 개별 암시를 통해 즉시 활용할 수 있는 '신용한도'를 얻을 수 있다.

우리는 이미 어떤 장애의 크기가 그 본래의 난이도만큼이나, 아니 그 이상으로 그것에 대한 우리의 정신적 태도에 달려 있다는 것을 살펴보았다. 침대에서 일어날 수 없다고 생각하는 신경쇠약 환자는, 그 단순한 동작이 자신의 마음속에서 엄청난 어려움으로 부풀려졌기 때문에 실제로 일어날 수 없는 것이다.

대다수의 정상인들도 정도는 덜하지만 같은 실수를 범한다. 그들의 에너지는 일상의 일을 수행하는 데 일부 쓰이고, 나머지는 자기 마음속 저항을 극복하는 데 소모된다.

그러나 역행 노력의 법칙이 작동하면서 그들이 키운 부정적 생각은 종종 노력을 무위로 돌리고, 오히려 애쓰는 행동이 그들의 활동을 실패로 이끌게 된다.

이런 이유로, 우리에게 어렵게 느껴지는 일을 시작하기 전에 사실은 쉬운 일이라고 스스로에게 암시하는 것이 필요하다. 눈을 감고 차분히 이렇게 되뇌어본다.

"내가 해야 할 일은 쉽다, 아주 쉽다. 쉽기 때문에 해낼 수 있으며, 효율적이고 성공적으로 해낼 것이다. 게다가 나는 이 일을 즐기게 될 것이며, 나에게 기쁨을 줄 것이다. 나의 전 인격은 조화롭게 이 일에 몰두할 것이고, 그 결과는 내 기대를 뛰어넘을 것이다."

이 생각들을 차분하고 힘들이지 않게 반복하며 마음에 깊이 새겨야 한다. 그러면 곧 우리의 마음은 평온해지고, 희망과 자신감으로 가득 찰 것이다. 그때 비로소 구체적인 절차를 구상하고, 목표를 이루는 데 가장 적합한 방법에 마음을 집중할 수 있다.

두려움과 불안이 만들어낸 장애물이 사라졌으므로, 우리의 생각은 자유롭게 흐르고, 고요한 정신 속에서 자연스럽게 계획이 세워지며, 실제 작업에는 창조적 활력과 단일한 목표의식을 가지고 임할 수 있게 될 것이다.

비슷한 방식으로, 의식적인 사고로는 도저히 해결할 수 없는 행동상의 문제들도 종종 자기암시에 의해 풀리게 된다. 흔히 말하듯, 딜레마에서 빠져나올 최선의 길을 찾느라 '궁지에 몰린' 상태일 때, 상충하는 가능성들 사이에서 선택이 불가능해 보일 때, 그 싸움을 계속하는 것은 무익할 뿐 아니라 해롭기까지 하다.

역행 노력의 법칙이 작동해 정신적 능력을 마비시키고 있기 때문이다. 그런 노력을 내려놓고, 파도처럼 일어나는 긴장이 가라앉도록 두며, 특정 시점에 해답이 저절로 떠오를 것이라고 스스로에게 암시해야 한다. 가능하다면 그 사이에 잠을 끼워 넣는 것이 좋다. '해답은 내일 떠오를 것이다'라고 암시하는 것이다. 잠을 자는 동안 무의식은 방해받지 않고, 우리가 의식적으로 설정한 목표를 자기 방식대로 실현해 나가기 때문이다.

이 과정은 종종 자연스럽게 일어나기도 한다. 예를 들어, 전날 밤 풀지 못한 문제가 아침에 일어나자 마치 영감처럼 그 해답을 내어주는 경우가 그렇다. '하룻밤 자고 나서 생각하라'는 말은 여전히 곤란에 처한 이들에게 가장 좋은 조언이다.

하지만 그들은 잠들기 전에 '아침에 일어나면 이 문제가 해결되어 있을 것이다'라는 긍정적인 자기암시를 덧붙여야 한다.

이와 관련해 흥미로운 점은, 특정 시각에 깨어나기 위한 수단으로 자기암시가 이미 널리 활용되고 있다는 사실이다. 잠들기 전 원하는 기상 시간을 마음에 새긴 사람은 실제로 그 시간에 깨어나게 된다.

덧붙이자면, 수면을 특정한 암시의 실현을 위한 수단으로 활용할 때는 이러한 암시를 일반 공식과 함께, 즉 그 직전이나 직후에 추가로 해야 한다. 결코 일반 공식을 대체해서는 안 된다.

간질 발작과 같은 일부 질환은 발작이 너무 갑작스럽고 예기치 않게 일어나 환자가 방어할 틈도 없이 쓰러지곤 한다. 이러한 경우 개별 암시는 먼저 다가오는 발작을 충분히 미리 알아차릴 수 있도록 하는 데 초점을 맞춰야 한다. 예를 들어 이렇게 암시할 수 있다.

"앞으로 나는 발작이 일어나기 훨씬 전에 그것이 다가오고 있음을 항상 알게 될 것이다. 발작의 전조를 충분히 경고받을 수 있을 것이다. 이러한 신호가 나타날 때 나는 두려움이나 불안을 느끼지 않을 것이다. 그것을 막을 수 있는 나의 힘을 충분히 확신할 것이다."

경고 신호가 오면 - 그리고 그것은 분명하게 오게 될 것이다. 환자는 즉시 자신을 격리하고 발작이 진행되지 않도록 하는 개별 암시를 사용해야 한다. 먼저 평온과 자기 통제를 암시하고, 그다음에는 힘들이지 않고 반복해서 이렇게 확언해야 한다.

"정상적인 건강 상태가 다시 자리 잡고 있다. 내 정신은 완전히 통제되고 있으며, 그 균형을 깨뜨릴 수 있는 것은 아무것도 없다."

갑작스럽게 우리를 덮치는 모든 발작적 증상은 동일한 방법으로 다루어야 하며, 이는 쿠에의 경험상 충분히 그 효과가 입증된 방법이다.

두려움이나 분노와 같은 신경적 문제나 격한 감정은 종종 신체적 움직임으로 나타난다. 두려움은 떨림, 심계항진, 이가 딱딱거림을 유발할 수 있고, 분노는 주먹을 세게 움켜쥐게 할 수 있다. 보두앵은 이러한 경우 개별 암시를 심리적 원인보다는 오히려 운동적 표현에 맞추어, 육체적으로 흔들리지 않는 상태를 기르는 데 초점을 두어야 한다고 조언한다.

그러나 긍정적인 암시는 부정적인 암시보다 더 큰 힘을 가지므로, 원인과 결과를 동시에 다루는 것이 더 바람직해 보인다. 예를 들어, 분노를 다루고 싶다면 '분노하지 않겠다'고 암시하는 대신, '공감·인내·쾌활함을 느낄 것이며, 그 결과 몸도 편안하고 긴장되지 않을 것이다'라고 암시하는 편이 더 효과적이다.

특유의 장점을 지닌 개별 암시의 한 형태는 단어 하나를 조용히 반복하는 것이다. 마음이 산만하고 혼란스러울 때는 앉아서 눈을 감고, '평온'이라는 단어를 천천히, 곱씹듯이 중얼거려 본다.

단어를 경건하게, 길게 늘여 발음하고, 반복할 때마다 잠시 멈춘다. 그러면 점차 마음이 가라앉고 고요해지며, 조화와 평화의 감각으로 채워질 것이다. 이 방법은 특히 도덕적 자질을 얻는 데 적합해 보인다.

나쁜 충동은 그 반대의 덕목을 뜻하는 단어를 사용해 잠재울 수 있다. 단어의 힘은 그것이 지닌 미적·도덕적 연상에 크게 의존한다. 기쁨, 힘, 사랑, 순수와 같이 인간 정신의 가장 높은 이상을 담은 단어들은 큰 힘을 지니며, 이렇게 사용될 때 그 반대 감정이 지배하는 정신 상태를 몰아낼 수 있다.

보두앵이 피암시자가 스스로 선택해 유도하는 모든 자기 암시에 두루 적용했던 '성찰적 암시'라는 명칭은 사실 이러한 구체적 형태의 개별 암시에 적합하게 사용될 수 있을 것이다.

개별 암시가 활용될 수 있는 영역은 사실상 무한하다. 어떤 종류이든 더 나아지길 바라는 필요를 느낄 때마다 개별 암시는 도움을 줄 수 있다.

그러나 다시 한 번 강조하건대, 이러한 개별 암시는 어디까지나 보조적 수단일 뿐이며, 시간이 부족하다면 생략해도 무방하다.

제9장

고통을 다루는 법

HOW TO DEAL WITH PAIN

　정신적이든 육체적이든 통증은 지금까지 다루지 않았던 새로운 요소를 수반한다. 통증은 주의를 완전히 독점하여 의식을 극도로 각성된 상태로 유지시키고, 그 결과 자기암시를 성공적으로 시작하는 데 필요한 일정 수준의 무의식적 표출(Outcropping)에 도달하지 못하게 한다. 따라서 의식 속에 ‘통증이 없다’라는 생각을 주입해도 정반대의 생각인 통증에 압도되어, 오히려 환자의 상태를 더 악화시킬 수 있다.

　이런 어려움을 극복하기 위해서는 전혀 새로운 방법이 필요하다. 어떤 생각을 말할 때, 말하는 동안 그 생각은 반드시 우리의 정신을 차지하게 된다. 생각하지 않고는 말할 수 없기 때문이다. ‘통증이 없다’는 말을 계속 반복하면 환자는 그 생각을 끊임없이 정신에 새기게 된다.

　그러나 불행히도 매번 반복할 때마다 통증에 대한 생각이 다시 스며들어, ‘통증이 없다’와 ‘통증이 있다’ 혹은 ‘심한 통증이 있다’ 사이에서 흔들리게 된다. 하지만 이 문장을 아주 빠르게 반복하면, 반대되는 연상이 끼어들 틈을 주지 않게 되어 정신은 어쩔 수 없이 그 생각에 머무르게 된다.

이렇게 우리는 새로운 길을 통해 유도된 무의식 표출이 도달했던 것과 같은 목표에 도달하게 된다. 즉, 정신이 반대 연상을 불러일으키지 않고 하나의 생각을 유지하도록 하는 것이다. 이것이야말로 수용의 가장 중요한 조건임을 알 수 있었으며, 실제로 이러한 방법을 통해 우리는 무의식이 '통증 없음'이라는 생각을 실현하도록 유도해 통증을 없앨 수 있다.

그러나 '통증이 없다'라는 문장은 빠르게 반복하기에 적합하지 않다. 발음상의 어려움이 너무 커서 혀와 입술이 음절에 걸려들고, 우리는 그것을 바로잡기 위해 멈춰야 한다. 설령 능숙하게 발음을 이어갈 수 있다 해도 또 다른 문제가 생긴다.

이 문장에서 가장 강하게 강조되는 단어는 '통증'이므로, 무의식적으로 이 단어를 특별히 힘주어 발음하게 되고, 그 결과 오히려 없애려는 바로 그 통증의 관념을 우리의 정신 속에서 강화하게 된다.

We shall do best to copy as closely as we can Coué's own procedure.

가능한 한 쿠에가 사용한 절차를 그대로 따라 하는 것이 가장 좋다. 그가 사용하는 문장 '사라진다(ça passe)'는 통증에 대한 언급이 전혀 없고, 발음하기도 매우 쉬우며, 마치 기계가 윙윙 도는 소리나 확대된 곤충의 윙윙거림처럼 끊임없는 소리를 만들어내어 마음을 사로잡는다.

반면 보두앵이 권하는 문장 '사라지고 있다(It is passing off)'는 이런 효과를 전혀 내지 못하고, 빠르게 반복하기조차 어렵다. 전반적으로 가장 적합한 영어 표현은 '사라진다(It's going)'인 듯하다. 여기서 핵심은 '사라진다(going)'라는 단어를 빠르게 반복하는 것이며, 마지막에는 '사라졌다(gone)!'라는 단호한 말로 마무리하는 것이다. 빠르게 반복되는 '사라진다'는 마치 기계 드릴이 단단한 물질을 거침없이 뚫고 나가는 듯한 인상을 주며, 이렇게 하여 원하는 생각을 마음속에 뚫어 넣는 것처럼 상상할 수 있다.

심한 통증, 예를 들어 치통이나 두통을 겪고 있다면 앉아서 눈을 감고 차분히 스스로에게 곧 이 통증을 없앨 것이라고 다짐하라. 그런 다음 아픈 부위를 손으로 부드럽게 어루만지며, 가능한 한 빠르고 끊김 없이 '사라진다, 사라진다, 사라진다… 사라졌다!'라고 반복하라.

이 과정을 약 1분간 계속하되, 필요할 때만 깊게 숨을 들이

쉬고, 마지막에는 '사라졌다'라는 말을 단호하게 하며 끝맺는다. 이 시간 동안 통증은 완전히 사라지거나 적어도 눈에 띄게 줄어들 것이다.

어느 쪽이든 앞 장에서 제시한 개별 암시를 적용하라. 통증이 사라졌다면 다시 돌아오지 않을 것이라고 암시하고, 줄어들기만 했다면 곧 완전히 사라질 것이라고 암시하라. 그런 뒤 통증이 시작되기 전 하던 일로 돌아가라.

다른 일들에 관심을 돌려 주의를 분산시켜라. 합리적인 시간, 예를 들어 30분 정도가 지나도 여전히 통증으로 괴롭다면 다시 자리를 따로 잡고, 이번에도 통증을 다스릴 것이라고 암시한 뒤 같은 절차를 반복하라.

이 과정을 통해 어떤 통증이든 제압할 수 있다고 해도 결코 과장이 아니다. 극단적인 경우라면 여러 번 다시 시도해야 할 수도 있다. 대체로 이는 충치나 찬바람 같은 통증의 원인을 스스로 제공해 통증이 그럴싸한 이유를 가진 것처럼 생각하고, 이른바 이성적으로 정당화했을 때 일어난다. 혹은 통증이 사라졌다가 다시 돌아올 수도 있다. 그러나 낙심하지 말고 단호하게 다시 시도하라. 결국 반드시 성공하게 될 것이다.

이와 같은 절차는 근심, 두려움, 낙담과 같은 괴로운 심리 상태에도 똑같이 효과적이다. 이런 경우에는 손으로 이마를 어루만지며 시행하면 된다. 이 연습에서도 필요 이상의 힘을 사용해서는 안 된다. 그저 문제(통증)가 사라지고 있다는 것을 알리는 단어를 빠르게 반복하고, 그 부위에 시선을 고정시키듯 손으로 쓸어주는 동작을 함께 하는 것으로 충분하다.

연습을 거듭하면 점점 더 쉬워져, 자연스럽게 몰입하게 될 것이다. 즉, 무의식이 이 과정을 더욱 효과적으로 만들기 위해 필요한 적응을 스스로 해내게 된다. 얼마 지나지 않아 20~25초 안에 통증을 완화시킬 수 있게 될 것이다.

그러나 효과는 그 이상이다. 당신은 통증에 대한 두려움에서 해방될 것이다. 통증을 자신이 다스릴 수 있는 존재로 여기게 되면, 치료를 예고하는 것만으로도 그것이 커지는 것을 막을 수 있다. 말하자면 당신의 의식의 문에 '출입 금지'라는 팻말을 걸어두는 셈이다.

거리나 작업장 같은 곳, 즉 소리 내어 문장을 반복하면 눈길을 끌 만한 공공장소에서 통증이 몰려올 수도 있다. 그런 경우에는 잠시 눈을 감고 이렇게 특정한 암시를 하라. '이 통증에 대해 생각하는 것으로 문제를 더 키우지 않을 것이다.

내 마음은 다른 일들에 집중될 것이다.

하지만 기회가 생기면 바로 이 통증을 사라지게 할 것이다.' 그런 다음 가능한 한 빨리 '사라진다'라는 문구를 사용하라. 이 암시 사용에 숙달되면, 입술과 혀로 단어의 형태를 잡아주는 정도로만 해도, 속으로 반복하여 그 괴로움을 몰아낼 수 있게 될 것이다.

그러나 초보자는 한동안 반드시 소리 내어 하는 방식에 의존해야 한다. 너무 일찍 중단하면 실망만 초래할 뿐이다.

때로는 환자가 통증이나 괴로움으로 너무 지쳐서 '사라진다'라는 단어를 반복할 힘조차 없을 때가 있다. 통증에 대한 생각이 마음을 완전히 사로잡아 고통 없는 상태는 상상조차 할 수 없게 느껴지기도 한다.

이런 상황에서는 다음과 같은 전략이 가장 효과적이다. 침대나 소파, 안락의자에 누워 몸과 마음을 완전히 이완한다. 모든 노력을 멈춘다. 억지로 애쓰는 것은 오히려 상태를 악화시킬 뿐이니, 통증에 대한 생각이 저절로 흘러가도록 한다. 그러다 보면 서서히 에너지가 모이고, 정신이 다시 통제력을 회복하기 시작할 것이다.

이제 확고한 성공의 암시를 하고 이 방법을 적용한다. 가능하다면 다른 사람의 도움을 받도록 한다. 쿠에가 환자를 돕는 것처럼 손으로 통증 부위를 쓸어주며 함께 문구를 반복하도록 한다. 이렇게 하면 거의 확실히 성공을 보장할 수 있다. 겉보기에 모순된 이 절차는 낚시꾼이 물고기를 '놀리는' 과정과 비슷하다. 물고기가 힘을 다해 버티도록 내버려 두었다가, 그 후에 적극적인 자원을 투입하는 것이다.

보두앵은 불면증을 다스리는 방법으로 비슷한 절차를 권한다. 그는 환자가 '나는 잠들 것이다'라는 문구를 빠르게 반복하며 말의 흐름에 자신을 맡기라고 말한다.

하지만 '나는 잠들 것이다'라는 문구는 빠르게 반복하기 어렵다는 문제가 있다. 더 간단히 발음할 수 있는 문구로 바꾼다 해도 극소수의 경우를 제외하면 성공 가능성은 낮다. 오히려 앞 장에서 언급한 곱씹는 반복 방법을 활용할 때 더 효과적일 것이다.

즉, 잠들기 가장 좋은 자세를 취한 후 '잠'이라는 단어를 천천히, 음미하듯 반복하는 것이다. 이 생각에 감정적으로 집착하지 않고 담담하게 대할수록 더 빠르게 실제 수면으로 이어질 것이다.

제10장

자기암시와 어린이

AUTOSUGGESTION AND THE CHILD

아이를 다룰 때는 자기암시가 근본적으로 치료가 아닌 건강한 성장을 보장하는 수단임을 기억해야 한다. 자기암시는 아이가 아플 때만 사용하는 것이 아니라, 식사처럼 매일 규칙적으로 제공되어야 한다.

아이들이 허약하게 자라는 것은 에너지가 부족해서가 아니라, 낭비되거나 잘못 쓰이기 때문이다. 우리는 성장이라고 부르는 끊임없는 적응 과정 속에서 필연적으로 내적 갈등이 생기는데, 이 갈등은 종종 불필요할 만큼 격렬하여 일시적으로 아이의 생명력을 크게 소모할 뿐 아니라, 그 일부를 '콤플렉스'라는 형태로 무의식 속에 가두어 미래의 삶이 정당히 누려야 할 활력을 잃게 만든다.

자기암시를 현명하게 활용하면 이러한 문제를 예방할 수 있다. 성장은 질서 있고 통제되며, 필요한 갈등은 성공적으로 해결되고 불필요한 갈등은 피할 수 있게 된다.

자기암시는 아이가 태어나기 전부터도 충분히 시작할 수 있다. 임신 중인 어머니는 충격이나 공포를 유발하는 경험으로부터 보호되어야 한다는 것은 널리 알려진 사실이다. 이러한 경험은 태아의 발달에 해로운 영향을 미치며, 심한 경우 유산이나 신체적 기형, 정신적 결함으로 이어질 수도 있다.

이러한 악영향의 사례는 비교적 흔하며, 원인과 결과의 연관성도 뚜렷하게 드러나는 경우가 많다. 이런 경우들이란 결국 임신한 어머니의 무의식에서 일어나는 '자발적 자기암시'에 지나지 않는다. 임신 중인 어머니는 섭취하는 음식뿐 아니라 품는 생각으로도 태아에 영향을 끼치기 때문이다.

이 시기에 특징적으로 나타나는 정서적 예민함은 무의식의 표출 경향이 높아졌음을 보여주며, 따라서 암시에 대한 수용성 역시 크게 증가한다. 이렇게 해서 임신 기간의 자발적 자기암시는 평소보다 훨씬 더 강력한 영향을 발휘하게 된다.

하지만 다행히도 '의도적으로 유도된 자기암시' 역시 같은 조건에서 도움을 받기 때문에, 자신의 능력과 책임을 자각한 어머니는 무지로 인해 해악을 끼치는 사람만큼이나 큰 도움을 줄 수 있다.

자기암시를 통해 자라나는 생명을 돕고 이롭게 할 수 있는 방법은 얼마든지 있다. 어머니는 독서나 대화를 막론하고 어떤 형태로든 악과 관련된 주제는 평소보다 더 각별히 피하고, 마음을 고양시키고 아름답고 즐거운 생각을 채워주는 것들을 찾아야 한다. 여기에 더해 자기암시의 구체적인 기법들 역시 활용할 수 있다.

어머니는 자신의 몸이 자라나는 생명에 필요한 모든 것을 제공하고 있으며, 아이가 마음과 몸, 그리고 성품 면에서 건강하고 튼튼하게 성장할 것이라고 스스로에게 암시해야 한다.

이러한 암시는 의심할 여지없이 좋은 성질들에 대한 일반적인 내용이어야 하며, 독립적인 생명을 지나치게 구체적으로 규정하는 것은 바람직하지 않다. 암시는 몇 문장으로만 구성하면 충분하며, 아침저녁으로 일반 공식 바로 전이나 후에 시행하는 것이 좋다. 또한 어머니가 낮 동안 아이에 대한 생각을 떠올릴 때, 선택한 특정 암시 전체나 일부를 반복할 수도 있다. 이러한 간단한 조치들만으로도 충분하다.

그러나 비록 좋은 암시의 형태라 하더라도 아이에 대한 생각에 지나치게 몰두하려는 경향은 피해야 한다. 정상적이고 균형 잡힌 정신생활 자체가 어머니와 아이 모두의 복지에 가장 좋은 조건이다.

그러나 어머니는 자신의 안녕을 위해 출산이 고통 없이 수월하게 이루어질 것이라고 스스로에게 암시하는 것이 좋다.

출생 후 몇 달 동안 아이에게 직접 적용할 수 있는 자기암시의 유일한 수단은 '어루만짐'이다. 다만 어머니와 간호인의 정신 상태가 이미 아이의 마음에 새겨지고 있으며, 그것이 좋든 나쁘든 아이를 형성해 간다는 점을 기억해야 한다.

만약 어떤 특정한 문제가 생긴다면, 어머니는 카우프만 양의 방법을 적용해야 한다. 아이를 무릎에 앉히고, 아픈 부위를 부드럽게 어루만지면서 완전한 건강을 되찾고 있다고 생각하는 것이다. 대체로 이러한 생각은 말로 표현하는 것이 바람직하다.

물론 두세 달 된 아기에게 그 말 자체는 아무 의미도 없을 것이다. 그러나 그 말은 어머니의 생각을 올바른 방향으로 유지하게 해주며, 그 생각은 어머니의 목소리 톤과 손길을 통해 아기에게 전달된다.

이 과정에서 텔레파시가 작용하는지는 따질 필요가 없지만, 아기는 심리적으로나 신체적으로 어머니에게 크게 의존하고 있기 때문에 어른에게는 전혀 효과가 없는 방식으로도 어머니의 정신 상태가 아기에게 전달된다. 사랑 그 자체가 지극히 강력한 암시의 힘을 발휘하는 것이다.

아이가 아직 말을 하지 못하더라도, 어른이 하는 말을 이해하는 기미를 보이기 시작하면 다음 방법을 적용할 수 있다.

밤에 아이가 잠들면 어머니는 아이를 깨우지 않도록 조심하며 방에 들어가 침대 머리맡에서 약 1미터 정도 떨어진 곳에 선다. 그리고 필요한 암시를 속삭이듯 조용히 말한다. 만약 아이가 아프다면 '너는 점점 나아지고 있다'라는 구절을 스무 번 반복하는 식으로 암시를 줄 수 있다.

아이가 건강하다면 일반 공식만으로도 충분하다. 또한 아이의 건강, 성격, 지적 발달 등에 관한 구체적인 암시를 덧붙일 수도 있다. 물론 이러한 암시는 앞에서 구체적 암시에 대해 설명한 장의 지침을 따라야 한다.

방을 나설 때는 다시 한번 아이를 깨우지 않도록 주의해야 한다. 만약 아이가 깰 기미를 보인다면 '자라'라는 속삭임을 여러 번 반복하면 다시 편안히 잠들게 할 수 있다.

보두앵은 이러한 암시를 하는 동안 어머니가 아이의 이마에 손을 얹을 것을 권한다. 그러나 위에서 설명한 방법은 쿠에가 선호하는 방식이다.

밤마다 이렇게 실천하는 것은 아이의 마음에 자기암시를 전달하는 가장 효과적인 방법이다. 어떠한 일도 이를 방해하지 않도록 하여 반드시 규칙적인 습관으로 삼아야 한다. 만약 어떤 이유로 어머니가 행할 수 없다면 아버지나 간호인, 혹은 친척이 대신할 수도 있다.

그러나 분명한 이유로 이 일은 본래 어머니의 몫이며, 몇 주간의 실천으로 그 유익한 효과를 경험하고 나면 대부분의 어머니는 이 일을 덜 적합한 사람에게 맡기려 하지 않을 것이다.

앞에서 말했듯이 이런 실천은 아이가 실제로 말을 배우기 전부터 시작해도 좋다. 아이의 무의식은 이미 들려오는 소리들의 의미를 어느 정도 파악하는 틀을 형성하고 있으며, 말해주는 단어들의 전반적인 뜻을 놓치지 않고 받아들일 것이다.

언제까지 이 실천을 계속할 것인가는 좀 더 판단하기 어려운 문제다. 건강한 성장은 점진적으로 독립성과 자립심을 키워야 한다. 밤마다 암시를 주는 이런 실천을 너무 오래 지속하면, 부모의 지지에 대한 의존 상태가 과도하게 길어질 위험이 조금은 있는 듯하다.

그러나 이 문제에 대한 신뢰할 만한 지표는 아이 스스로가 보여준다. 아이가 일상의 문제를 스스로 감당할 수 있게 되고, 사소한 어려움마다 부모에게 달려와 도움과 조언을 구하지 않게 되면, 그때가 바로 부모의 암시를 중단할 시점이 된 것이다.

아이가 말을 할 수 있게 되면 어른과 마찬가지로 아침저녁으로 일반적인 공식을 반복하도록 가르쳐야 한다. 이렇게 하면 부모가 암시를 중단할 때가 되더라도 그 효과는 아이 스스로가 만들어 내는 암시에 의해 이어질 것이다.

덧붙일 점이 하나 더 있다. 남자아이의 경우에는 일곱 살이나 여덟 살 무렵부터 어머니 대신 아버지가 암시자의 역할을 맡는 것이 더 나아 보인다. 물론 여자아이의 경우에는 어머니가 계속 그 역할을 맡아야 한다.

사춘기가 다가오면서 과도한 어려움이나 위험이 나타나는 조짐이 보인다면, 매일 밤의 암시를 다시 시작할 수 있다. 이때는 구체적인 어려움에 대한 특정 암시의 형태로 진행하는 것이 좋다.

그러나 아이의 성적 문제는 본질적으로 어른의 문제와는 다르다는 점을 기억해야 하며, 따라서 암시는 가능한 한 가장 일반적인 표현으로 해야 한다. 여기서도 다른 경우와 마찬가지로 목적만 암시해야 하며, 무의식이 스스로 수단을 선택하도록 맡겨야 한다.

아이가 말을 배운 즉시, 고통을 겪도록 내버려두어서는 안 된다. 가장 좋은 방법은 쿠에가 진료에서 사용했던 방식이다. 아이가 눈을 감고 부모와 함께 '사라진다, 사라진다… 사라졌다!'라고 반복하게 하면서, 부모는 아픈 부위를 부드럽게 쓰다듬어 준다.

그러나 가능한 한 빨리, 아이가 작은 어려움은 스스로 극복하도록 격려해야 하며, 결국 부모의 도움은 거의 필요 없을 정도가 되도록 해야 한다. 이것은 자립심을 기르고, 어려움에 대한 우월감을 키워주는 강력한 방법으로, 훗날 인생에서 매우 귀중한 자산이 될 것이다.

아이들이 이 방법에 쉽게 익숙해진다는 사실은 쿠에가 받은 편지에서 인용한 다음 사례들로 알 수 있다.

"선생님의 가장 어린 제자는 우리 꼬마 데이비드입니다. 오늘 그 불쌍한 아이가 사고를 당했습니다. 아버지와 함께 엘리베이터를 타고 올라가다가, 약 4피트쯤 올라간 지점에서 떨어져 머리를 단단한 돌바닥에 부딪혔습니다. 심하게 멍이 들고 충격을 받은 채 침대에 눕혀졌는데, 계속 꼼짝 않고 '지나간다(ça passe)'를 반복해서 말하더니, 잠시 후 '아니, 아직 안 갔어'라고 말했습니다. 그런데 오늘 밤에는 다시 '지나간다'라고 말하고 나서 '거의 다 갔어'라고 하더군요. 그래서 지금은 훨씬 더 좋아졌습니다."

B. K. (런던)

1922년 1월 8일.

다른 여성은 이렇게 썼다.

"우리 집 요리사의 23개월 된 조카 – 예전에 우리가 기관지염을 치료해 준 아이인데 – 가 어제 머리를 세게 부딪쳤습니다. 그런데 울기는커녕 미소를 짓더니, 아픈 곳에 손을 문질러가며 귀엽게 '지나간다(ça passe)'라고 말하더군요. 정말 잘 자라고 있지 않나요?"

방법은 모두 매우 단순하며, 시간도 거의 들지 않고 돈은 전혀 들지 않는다. 이 방법들은 낭시에서 수없이 그 효과가 입증되었고, 평균적인 지능과 성실성을 지닌 어머니라면 똑같이 좋은 결과를 얻지 못할 이유가 없다.

처음 시도할 때는 다소 어색하겠지만, 그것 때문에 낙심할 필요는 없다. 설령 노력이 개입되는 과정에서 약간의 해로움이 생긴다 하더라도 그럴 가능성은 매우 낮지만 걱정할 필요는 없다. 올바른 자기암시는 곧 그것을 상쇄하고 오히려 긍정적인 효과를 낼 것이다. 무엇보다 자기 자신에게 암시를 해본 경험이 있는 어머니라면 이를 자녀에게도 올바르게 적용할 수 있을 것이다.

언뜻 보기에는 이 절차가 혁신적으로 보일 수도 있다. 하지만 잠시만 생각해 보면, 이것이 아주 오래된 방식임을 알 수 있다. 이는 단지 인류가 시작된 이래 어머니들이 직관적으로 해오던 방식을 과학적 근거 위에서 체계화한 것에 불과하다. '잘 자라, 우리 아가, 잘 자거라. 천사가 너를 지켜보고 있단다.' 이것이 특별한 암시가 아니고 무엇이겠는가?

현명한 어머니는 아이가 넘어져 손에 상처가 났을 때 어떻게 할까? '엄마가 호호 불어 줄게. 그러면 금방 나을 거야.'라고 말한다. 그러면 아이는 통증이 사라졌다는 확신 속에 다시 즐겁게 놀러 간다. 이것은 단지 쓰다듬어 주는 방식의 사랑스러운 변형일 뿐이다.

제11장

결론

CONCLUSION

유도된 자기암시가 의학을 대신하는 것이 아니다. 그것이 우리를 영원히 살게 하지는 못할 것이며, 삶에서 흔히 겪는 병고로부터 완전히 해방시켜주지도 못한다. 다만 그 모든 함의가 이해되고 모든 가능성이 활용된 미래에 무엇을 해낼 수 있을지는 아직 알 수 없다.

그러나 자기암시의 원칙에 따라 성장한 세대가 오늘날처럼 질병으로 고통받는 인구와는 본질적으로 크게 다를 것이라는 점은 분명하다. 하지만 지금 당장의 관심은 현재에 있다.

오늘날의 성인은 어린 시절부터 쌓여온 수많은 부정적 암시로 가득 찬 기억을 무의식 속에 간직하고 있다. 유도된 자기암시의 첫 과제는 이 정신적 잡동사니를 치워내는 일이다. 이것이 이루어지고 나서야 비로소 진정한 인간이 모습을 드러낼 수 있으며, 자기암시의 창조적 힘이 나타나기 시작할 수 있다.

이 방법을 활용하면 우리 각자는 질병이 점점 줄어드는 삶을 기대할 수 있다. 그러나 자기암시가 얼마나 큰 역할을 하게 될지는 우리가 어떤 상태에서 시작하느냐, 그리고 얼마나 규칙적이고 정확하게 실천하느냐에 달려 있다. 만약 병에 걸린다 하더라도 우리는 그 병을 몰아낼 수 있는 강력한 수단을 내면에 지니고 있다.

그러나 이것이 외부에서 질병을 제거하는 보완적 방법의 가치를 부정하는 것은 아니다. 자기암시와 일반적인 의학적 치료는 서로 보완하며 함께 이루어져야 한다. 만약 아프다면 이전처럼 의사를 부르되, 유도된 자기암시의 자원을 활용해 그의 치료를 강화하고 확장하는 것이다.

이와 관련해 반드시 강조해야 할 점은, 병이 심하든 가볍든 그리고 그 성격이 어떠하든 간에 모든 질환에 자기암시를 활용해야 한다는 것이다. 모든 질병은 마음의 작용에 의해 강화되거나 약화된다.

우리는 중립적인 태도를 취할 수 없다. 병을 계속 떠올리며 우리의 마음을 그것에 내맡김으로써 병이 우리를 파괴하도록 돕든지, 아니면 건강하고 역동적인 생각의 흐름으로 그것을 거부하고 파괴하든지 둘 중 하나다. 그러나 우리는 너무도 자주 무의식적으로 전자를 선택하곤 한다.

기능적 질환과 신경성 질환만이 암시요법에 반응한다는 일반적인 인식은 사실과 다르다. 쿠에는 30년에 걸친 실천에서 수많은 사례를 다루면서, 기능적 질환뿐 아니라 신체적 질환도 마찬가지로 쉽게 호전되며, 신경적·정신적 문제보다 신체적 장애가 오히려 더 쉽게 치료된다는 사실을 발견했다.

그는 이러한 구분을 두지 않는다. 병은 그 성격이 어떻든 간에 병일 뿐이다. 따라서 쿠에는 모든 병을 같은 방식으로 다루었고, 그 결과 98퍼센트의 사례에서 크든 작든 긍정적인 성과를 거두었다.

지속적인 정신 이상 상태에 있어 자기암시의 작용 자체가 붕괴된 사람들을 제외하면, 유도된 자기암시가 실패하는 경우는 두 부류뿐이다.

하나는 지능이 너무 낮아 주어진 지시를 전혀 이해하지 못하는 사람들, 다른 하나는 자발적 주의력을 결여해 몇 초간이라도 하나의 생각에 집중할 수 없는 사람들이다. 그러나 이 두 부류는 인구 중 차지하는 비율이 매우 적어, 합쳐도 2퍼센트를 조금 넘지 않는다.

자기암시는 외과적 치료를 보조하는 데에서도 동일하게 가치가 있다. 회의론자들이 마지막으로 들이대는 반례인 골절은 당연히 자기암시만으로 치료할 수 없다. 뼈를 맞추기 위해서는 외과의가 필요하다.

그러나 사지가 제대로 맞춰지고 필요한 기계적 조치가 취해진 뒤에는, 자기암시가 회복을 위한 최상의 조건을 마련해 준다. 그것은 골절 후 흔히 뒤따르는 절룩거림, 뻣뻣함, 보기 흉한 변형과 같은 문제를 예방할 수 있으며, 통상적인 회복 기간을 상당히 단축시킬 것이다.

자기암시로 얻은 효과가 지속되지 않는다는 주장이 때때로 제기된다. 그러나 이런 반론은 사실 인위적인 것으로, 자기암시의 참된 본질을 무시하고 그것을 단순한 치료 수단으로만 보기 때문에 생겨난다.

우리가 자기암시를 활용해 질병을 치유하려는 목적은, 무의식을 건강한 생각으로 채워 특정 질환뿐 아니라 그와 함께 모든 질병을 물리치는 데 있다. 자기암시는 단지 한 가지 병을 없애는 데 그쳐서는 안 되며, 모든 질병에 걸리게 되는 경향 자체를 제거해야 한다.

어떤 질병을 없앤 뒤에도 다시 불건전한 생각으로 마음을 되돌아가게 둔다면, 그 생각들 역시 다른 생각과 마찬가지로 실현되는 경향이 있어 우리는 다시 병에 걸릴 수 있다. 그 병은 이전과 같은 형태일 수도, 그렇지 않을 수도 있다. 그것은 우리의 생각이 어떤 성격을 지니느냐에 달려 있다.

그러나 일반적인 공식을 꾸준히 활용함으로써 이러한 재발을 예방할 수 있다. 불건전한 마음 상태로 되돌아가는 대신, 이미 우리에게 건강을 준 건전하고 창조적인 생각을 점점 더 강화하게 되어, 날이 갈수록 우리의 방어벽은 더욱 뚫을 수 없게 된다. 이렇게 하면 과거의 병으로 되돌아가는 것을 피할 뿐 아니라, 미래에 우리를 노리고 있는 병들까지도 치워 버릴 수 있다.

낭시 클리닉에서 이루어진 몇몇 치료는 거의 즉각적인 효과를 보였음을 이미 보았다. 그러나 유도된 자기암시를 시작할 때 며칠 만에 기적적으로 치유될 것이라는 기대를 품는 것은 잘못이다. 충분한 믿음이 주어진다면 그러한 결과가 틀림없이 뒤따를 수 있다. 실제로 그러한 사례는 기록으로도 상당히 남아 있으며, 심지어 다른 사람의 도움조차 받지 않고 이루어진 경우도 있다.

그 예를 하나 들자면, 내 친구 보르도의 알베르 P. 씨는 10년 넘게 안면 신경통으로 고통받아왔다. 쿠에의 소식을 들은 그는 편지를 보내 지시를 받았고, 일반 공식을 반복하라는 안내를 받았다. 그는 그대로 실천했고, 이틀째 되는 날 신경통이 사라졌으며 그 후로 다시는 재발하지 않았다.

그러나 이런 믿음은 흔하지 않다. 즉각적인 치유는 예외적인 경우이며, 점진적이고 단계적인 호전을 기대하는 것이 더 안전하다. 이렇게 하면 실망을 피할 수 있다. 덧붙이자면, 쿠에는 점진적인 치유를 더 선호하는데, 그 편이 더 안정적이며 역경에 의해 방해받을 가능성이 적다고 보기 때문이다.

우리는 자기암시에 대해 다른 과학적 발견을 대하듯 이성적으로 접근해야 한다. 여기에 요술 같은 것은 없으며, 경험으로 검증할 수 없는 주장은 하나도 없다. 그러나 우리가 가장 경계해야 할 태도는, 인생의 중요한 문제들을 그저 식탁에서 이웃과 주고받을 잡담거리로 전락시키는 지식형 아마추어의 태도이다.

종교가 그러하듯, 자기암시 역시 실천하는 것이다. 한 사람이 그리스도교의 모든 교리에 정통할 수는 있어도, 그것이 그의 삶을 조금도 나아지게 하지 못할 수도 있다. 반면 하나님과 이웃을 사랑하는 한 단순한 사람은 신학을 전혀 알지 못해도 그리스도교의 고귀한 원칙들을 자신의 삶에 실천할 수 있다. 자기암시도 마찬가지다.

자기암시는 신체적 질병뿐 아니라 도덕적 일탈을 다스리는 데에도 똑같이 효과적이다. 술주정, 도벽, 약물 중독, 통제되지 않거나 왜곡된 성적 욕망, 그리고 성격상의 작은 결함들까지 모두 그 영향에 반응할 수 있다. 그것은 사소한 일에도, 중대한 일에도 똑같이 강력하다.

특정 암시를 통해 우리는 취향을 바꿀 수도 있다. 본래 싫어하던 음식에 맛을 붙일 수 있고, 먹기 싫은 약을 기분 좋게 느낄 수도 있다. 이처럼 도덕적 영역에서의 성과가 고무적이어서, 쿠에는 현재 이 방법을 프랑스 국립 교정시설에 도입하려 하고 있다. 지금까지는 혁신을 달가워하지 않는 공적 태도가 장벽이 되고 있지만, 가까운 장래에는 이 방법이 범죄자 교정에 크게 확대 적용될 것이라는 충분한 기대가 있다.

반론을 미리 예상해 말하자면, 쿠에의 유도 자기암시는 결코 최면 암시보다 열등하지 않다. 쿠에 자신도 처음에는 최면

술사로 활동했지만, 그 결과에 만족하지 못하고 더 단순하고 보편적인 방법을 찾기 시작했다. 의식적 자기암시는 편리할 뿐만 아니라 경쟁 방법보다 한 가지 큰 장점을 지닌다. 최면 암시의 효과는 치료 후 몇 시간 안에 사라지는 경우가 많지만, 일반 공식을 활용한 유도된 자기암시는 그 효과가 점진적으로 계속 커져 간다.

여기서 우리는 다시 암시자의 문제를 다루게 된다. 이미 살펴본 바와 같이, 암시자는 꼭 필요하지 않으며, 자기암시는 도움 없이 실천하는 사람에게도 충분한 결실을 가져다줄 수 있다.

그러나 어떤 이들은 이 사실을 받아들이지 못한다. 그들은 스스로 부족하다고 느끼며, 오래된 부정적 암시들이 산처럼 쌓여 있어 자신은 그것을 제거할 능력이 없다고 여긴다.

이런 경우에는 암시자가 곁에 있는 것이 분명 도움이 된다. 그들은 그저 수동적으로 누워 암시자가 불러일으키는 생각을 받아들이기만 하면 된다. 그러나 그렇다 하더라도 일반 공식을 반복하는 데 동의하지 않으면 큰 효과를 거둘 수 없다.

그러나 자기암시를 단순한 치료법으로만 본다면 그 참된

의미를 놓치게 된다. 본질적으로 자기암시는 자기 수양의 수단이며, 지금까지 우리가 가졌던 그 어떤 것보다 훨씬 강력한 방법이다. 그것은 우리가 부족한 정신적 자질들 - 유능함, 판단력, 창조적 상상력, 그리고 인생의 과업을 성공적으로 완수하도록 돕는 모든 능력 - 을 길러낼 수 있게 한다. 우리 대부분은 좌절된 능력, 발휘되지 못한 힘, 성장 과정에서 억눌린 충동들을 자각하고 있다.

이러한 능력들은 숲속의 나무들처럼 우리의 무의식 속에 존재하지만, 이웃한 나무들에 가려 공기와 햇빛을 받지 못해 왜소하게 자란 상태에 있다. 자기암시를 통해 이들에게 성장에 필요한 힘을 공급하고, 그것을 우리의 의식적인 삶 속에서 결실로 이끌 수 있다.

우리가 아무리 늙었건, 병들었건, 이기적이거나 나약하거나 타락했더라도 자기암시는 우리에게 어떤 도움을 줄 것이다. 그것은 미성숙한 발화와 불확실한 목적들을 강인하게 기르고, 악한 충동을 뿌리째 공격할 수 있는 새로운 수양과 훈련의 수단을 제공한다.

본질적으로 자기암시는 개인적인 실천이자 개인적인 마음가짐이다. 그것을 범주로 나누어 이 일에는 적용되고 저 일에는 그렇지 않다고 논하는 것은 좁은 시야일 뿐이다.

자기암시는 우리 존재 전체를 건드린다. 이름과 거처, 습관과 관점, 별난 성향으로 가득한 소란스럽고 불안한 작은 자아 아래에는, 요동치는 바다 표면 아래의 깊은 심해처럼 고요한 힘의 바다가 자리하고 있다.

우리 안에 있는 모든 것은, 비록 자의식이라는 프리즘에 의해 왜곡되더라도, 결국 그곳에서 비롯된다. 자기암시는 이 궁극적 존재의 고요한 힘을 지금 여기 우리의 삶의 수준으로 끌어올리는 통로이다.

그렇다면 자기암시는 미래에 우리에게 어떤 전망을 열어줄까?

자기암시는 인생의 짐이 상당 부분 우리 스스로 만들어낸 것임을 가르쳐 준다. 우리는 우리 자신의 생각을 우리 안에서, 그리고 우리 환경 속에서 재현한다. 나아가 자기암시는 이러한 생각이 악할 때는 바꾸고, 선할 때는 키울 수 있는 수단을 제공하여, 개인적 삶의 질을 그에 맞게 향상시킨다.

그러나 이 과정은 개인에게서 끝나지 않는다. 사회의 생각은 사회적 조건으로, 인류의 생각은 세계적 조건으로 실현된다. 그렇다면 유년 시절부터 자기암시의 지식과 실천 속에서 길러진 한 세대가 사회적·국제적 문제에 대해 어떤 태도를 보일지를 상상해 보라.

만약 두려움과 질병이 개인의 삶에서 사라진다면, 그것들이 과연 한 국가의 삶 속에 남아 있을 수 있을까? 만약 각자가 자기 마음에서 행복을 찾는다면, 허황된 소유욕이 과연 지속될 수 있을까?

자기암시를 받아들인다는 것은 태도의 변화, 삶의 재평가를 수반한다. 우리가 얼굴을 서쪽으로 향하면 구름과 어둠밖에 보이지 않지만, 머리를 간단히 돌리는 것만으로도 장대한 일출의 파노라마가 시야에 들어온다.

쿠에의 발견이 우리의 교육 방식에 깊은 영향을 미칠 것이라는 점은 의심할 여지가 없다. 지금까지 우리는 의식만을 직접적으로 다루며, 그것에 정보를 주입하고 유용한 기술을 덧붙여 왔다. 인격 형성을 위한 노력은 부수적이고 이차적인 것이었다. 무의식이 발견되지 않았던 시기에는 이것이 불가피했지만, 이제 우리는 더 깊은 차원에 도달할 수 있는 수단을 갖게 되었고, 아이에게 읽기와 산수뿐 아니라 건강과 인격, 개성을 함께 부여할 수 있게 되었다.

그러나 아마도 가장 큰 혁명은 범죄자 교정에서 일어날 수 있을 것이다. 범죄자가 수감되는 이유가 되는 행동들은 무의식 속에서 뒤틀리고 얽힌 사고의 실타래에서 비롯된 것에 지나지 않는다. 이는 저명한 권위자들의 견해이기도 하다.

그러나 자기암시는 여기서 한 걸음 더 나아간다. 그것은 이러한 성격의 불협화음이 어떻게 해결될 수 있는지를 보여준다. 쿠에가 살인 성향을 지닌 한 청년을 도덕적으로 회복시키는 데 성공했다면, 왜 같은 방법을 우리 교도소를 가득 채운 수많은 사회적 추방자들에게도 적용할 수 없겠는가? 적어도 어린 비행 청소년들에게는 효과가 있을 것이 분명하다.

그러나 이러한 태도의 근저에 있는 생각은 우리의 형사 절차에 혁명을 요구한다. 이는 범죄가 일종의 질병이며 그렇게 다루어져야 한다는 것 그리고 처벌의 개념이 치료의 개념으로 대체되어야 한다는 것, 보복적 태도가 연민의 태도로 바뀌어야 한다는 것을 뜻한다.

이것은 우리를 신약성서의 이상에 가까이 이끌며, 실제로

선을 지향하는 힘으로서의 자기암시는 필연적으로 종교와 밀접하게 맞닿게 된다.

이는 성인과 현자들이 시대를 넘어 선포해 온 내면의 삶이라는 가르침을 전한다. 그것은 우리 안에 평온과 힘과 용기의 근원이 있으며, 일단 이 내면의 영역을 다스리게 된 사람은 무슨 일이 닥치더라도 흔들리지 않는다는 것을 주장한다.

이 진리는 위대한 사람들의 삶에서 분명히 드러난다. 순교자들이 화형대에서조차 찬송할 수 있었던 것은, 그들의 눈이 내면으로 향해 마음을 가득 채운 영광의 비전을 바라보고 있었기 때문이다. 위대한 업적들은 외부에서 들려오는 수많은 목소리와 배치되더라도, 내면의 목소리가 가리키는 길을 따를 용기를 가진 이들에 의해 이루어졌다.

만약 그리스도가 제자들에게 부여한 치유의 기적을 행하는 힘이 소수의 선택된 이들에게만 주어진 특별한 선물이 아니라, 모든 인류의 유산이었다면 어떨까? 그가 말한 우리 안의 천국이 우리 일상의 정화와 고양, 더 건강한 몸과 더 온화한 마음을 얻기 위해 단순한 방식으로 활용될 수 있는 것이라면 어떨까? 쿠에의 공식에 담긴 확언은 일종의 기도가 아닌

가? 그것은 자아를 넘어, 우리 배후에 놓인 무한한 힘에 호소
하는 것이 아닌가?

자기암시는 종교를 대신하는 것이 아니라, 오히려 종교라
는 무기고에 새롭게 더해진 하나의 도구이다. 단순한 과학적
기법으로도 이런 결과를 낼 수 있다면, 완전함을 향한 종교적
열망의 표현으로 사용될 때는 얼마나 더 큰 일을 해낼 수 있
겠는가?

에밀 쿠에

1857년(1세)_ 2월 26일, 프랑스 트로와(Troyes)의 평범한 가정에서 태어났다. 부친은 철도회사의 직원이었다. 어린 에밀은 화학 수업에 선생님이 놀랄 만큼 총명함을 보였지만, 집안 형편이 어려워 화학 공부를 계속할 수 없었다.

1879년(23세)_ 파리에서 고단한 3년을 보낸다.

1882년(26세)_ 약제사 자격증을 취득한 뒤 트로와로 돌아와 약사로 일한다. 그는 매우 자상하고 어느 것에도 매이지 않는 성격의 소유자였다.

1885년(29세)_ 앙브로이세 오귀스트 리에보와 만나다. 리에보는 암시의 현상을 명백하게 보여준 최초의 의사로 쿠에에게 큰 영향을 주었다.

1901년(45세)_ 그는 한 환자에게 처방을 하던 중에 우연히 이른바 '위약(僞藥)효과'라 불리는 '플라시보 효과 Placebo Effect'를 확인한 뒤로 리에보와 함께 본격적으로 암시에 대해 공부한다. 그는자신의 경험을 바탕으로 약을 파는 대신 병이 나을 수 있게끔 환자를 도울 수 있는 문구가 적힌 메모를 통해 치료를 실험한다. 그리고 이 과정을 통해 쿠에는 상상과 언어를 통한 치료의 가능성을 확신한다.

1910년(54세)_ 프랑스 낭시(Nancy)의 시의원 빅터 레몽(Victor Lemoine)의 딸인 부인의 도움으로 프랑스 낭시에 자신의 진료소를 설립하고 자기암시 요법을 이용하여 정신적 · 육체적 고통을 겪고 있는 많은 환자들을 돌보기 시작했다. 〈낭시 응용심리학회 Psychology Applied of Nancy〉를 창립한 뒤 유럽 각지를 돌며 주로 강연을 통해 자신의 요법을 전파했다. 이즈음 쿠에의 심리요법이 이름을 떨치자 이런저런 구실로 비난을 하는 사람도 생겨났다.

1922년(66세)_ 『의식적 자기암시를 통한 자기제어』라는 에세이집을 출간한다.

1923년(63세)_ 그의 자기암시 요법에 대해 프랑스보다는 오히려 미국에서 많은 관심을 보이자 쿠에는 미국에서 첫 강연회를 갖는다. 그 뒤로도 쿠에는 자신의 진료소에서 계속 환자들을 맞았다. 그의 진료소는 전 세계에서 온 수많은 사람들로 늘 북적거렸다. 『암시와 자기암시의 수행법』을 출간하다.

1926년(66세)_ 많은 도시를 돌며 강연을 하던 그는 그 해 7월 2일, 급성 폐렴으로 건강이 악화되고 끝내 자신이 평생을 바쳐 환자들을 돌본 낭시에서 눈을 감았다. 오로지 이웃을 질병과 고통으로부터 해방시키고자 하는 열망 속에서 소박하고 헌신적인 삶을 살았던 그는, 환자 개개인의 치료와 발전을 위한 가능성을 찾아내고 그들을 돕기 위해 힘썼다.

쿠에의 요법은 프랑스의 의학계로부터 외면 당했지만, 그의 부인에 의해 1954년까지 계속 전파되었다. 쿠에의 요법은 이후 유럽 각지와 미국에서 여러 형태로 정리되어 계속 실천되고 있다.

자기암시 실천편

초판 1쇄 펴낸날 2026년 1월 2일

지은이 시러스 해리 브룩스
옮긴이 권혁
펴낸이 이종근
펴낸곳 도서출판 하늘아래

주소 경기도 고양시 일산동구 하늘마을로 57- 9 3층 302호
전화 (031) 976-3531
팩스 (031) 976-3530
이메일 haneulbook@naver.com
등록번호 제300-2006-23호

ISBN 979-11-5997-131-0 (03180)